光禹

Young Love Hunting

不放過青春

目錄

不放過青春

目錄

目錄

目錄

卷首

寫在故事之前……

許多年前，社會開始掀起一陣「未婚生子」的討論熱。

有一晚，我和光媽邊看電視新聞、邊閒聊。我隨意問她：「媽，如果我在外面也跟人未婚生子的話，妳會怎樣？」

「你？……我們不是做這種不負責任的事的人家……而且，想想看，孩子一出生，就非得要他接受大人們『不得已』的苦衷，這對孩子多不公平，你要怎麼向他們交代？」

光媽回答得很認真，我有點驚訝。

「那，如果孩子……我帶回來自己養呢？……」我說。

「帶回來自己養？……我跟你爸兩個人養你們就很累了，你想自己一個人養？」光媽提出更認真的質疑。

「應該可以吧？而且……你們也可以一起養啊，抱孫子嘛！」

「抱孫子？……別講那麼好聽好不好！先不管我們要不要養，你自己『弄』出來的，却還要我們來『一起』養，你這麼沒良心嗎？這樣生得下去，我不信……」

這次她的表情和眼神，更強調了「重點字句」的部分，嚴肅的厲害，但我心裡却不搭軋地想笑。

「那去領養小孩呢？……」我仍然問得輕鬆。

「什麼？領養小孩？你不能生了，是不是？」

我一聽，差點昏倒，想撞牆。

「拜託，什麼我不能生了……」我笑了出來，大叫，只好不得不「裝正經」地提醒她：「喂，領養小孩，栽培他，這是件社會公益，功德無量的事啊……」

「是啊！但是你現在跟我說話的樣子，爲什麼怎麼看都不像是那麼偉大的人呢？」光媽要笑不笑地看著我，完全不給我面子。

「喂，不要這樣看不起人，好不好？……」我立刻強力地「反擊」她，自己却也忍不住大笑。

「本來就是這樣啊！你以爲生養孩子那麼容易啊？可以這樣隨便說生就生、說養就養的嗎？……哎！現在這個社會啊，如果可能的話，每個人都應該先把自己再養一遍，才會知道問題在哪裡、責任有多少……」光媽仍不改認眞地說著。

OK，OK，我認輸了，人家說什麼……「認眞的女人最美」，那，我還能說什麼呢？

然而……

那天半夜，我竟心血來潮地在房裡翻箱倒櫃起來，我靜靜地翻閱著自己年少時的日記、作文和許多東西……彷佛，我帶著一部V8攝影機，重回了許多生命的青春現場……

我內心愈看愈熱、感觸也愈看愈多，屋外寒冷的冬風，一點也鑽不進來。

這麼多年來，我一直很想把那一夜內心的發現和感動完全表達出來。於是，我不斷生活、不斷學習、不斷醞釀，也不斷整理，終於，我完成了這個對我而言非常特別的創作，爲你，也爲我自己。

但願你在陪著小光光一起哭、一起笑的成長過程中，能感覺到我曾經感覺的，並且找到在過去、現在或未來，你想找到的東西。

光禹　一九九九・六　於台北

兒子

夜半三點多，才剛要入睡，我聽見小光光開了他的房門後，就再也沒有發出任何聲響。

「既不是要上洗手間，也不是要喝水……他到底在幹什麼？」

在床上靜靜聽著，悶想了一、兩分鐘之後，我抱著狐疑的心，下床去查看。

一開門，立刻看見站在走廊上的小光光，警覺性地收起了一直仰看天花板的頭，側瞄了我一下，然後，有意無意地抓了一下後腦勺，就要進房門了。

「怎麼爬起來了？你在看什麼？」我的問話叫住了他，我順便也「掃射」了一下走廊的天花板。

天花板上，除了有一個原先爲了便於安裝「筒燈」而開的便利小門之外，其他空無一物，什麼也沒有。

「不是啦，我好像聽到有什麼聲音……」小光光有些畏縮地說著，同時慢慢把身體縮進他房門的大半，擋住了從房裡透出來的光。

「有嗎？什麼聲音？」

我挪了一步，靠近他的房門，也抬頭側耳傾聽了十秒鐘。

小光光不好意思進房去，只有手持著門把愣著，不知要看我，還是天花板。

「沒有什麼聲音啊，在哪裡？……是天花板小門這裡嗎？……」配合著問話和搜尋的眼神，我又挪了一小步。

「不是啦，大概我聽錯了吧……」小光光的聲音似乎已不想再「一起」探究了，只想把房門關上。

「是蟑螂嗎？……」我側頭問他。

「應該不是吧……我沒看到……」話才一說完，小光光順勢就將門給帶上了。

「大概我聽錯了啦……」

已「躲」在房裡的小光光，馬上又補了這一句給還「杵」在走廊上、頓時有一些些「尷尬」的我，想「平衡」一下「尷尬」，意思又彷彿是：「好了，我要睡覺了，不想再跟你說了！」

房裡的燈很快地熄了，立在黑暗中的我，竟不知該立刻回房，還是繼續在走廊上「傾聽」一月的冬夜？……

今天晚上出門去電台上班前，爲了小光光留在學校沒回來吃晚飯、却不打通電話回家告知的事，我訓了他一頓。

「他心中此刻應該還有些疙瘩吧！」我想。

光禹

兒子

小光光，十二歲，是個國一的學生。六年多前的夏天，我領養了他。

「什麼？我以爲當初你只是隨便說說而已，沒想到你眞的要這樣做了……沒有結婚就領養孩子來麻煩自己和別人……你到底在想什麼？」

「想證明自己眞的很有愛心嗎？那你可以去『捐錢認養』，然後繼續讓他在育幼院生活就好啦……爲什麼一定要領養他回家呢？……」

「當初抱圓圓回來的時候，說要養的人是誰？而你看看，後來給牠洗澡、弄飯，帶牠去拉屎、拉尿，常常都是誰在替你做？養狗都這樣了，你還想養孩子？……」

「再說，你現在那麼忙，哪裡來的美國時間？……將來要是管教不

好，孩子出了什麼差錯……你擔負得起什麼責任嗎？……」

「而且，又不是剛出生的小孩子那樣好養、好帶，他都已經五歲多，有一點自己的脾氣個性了，將來大一點要是難教養，你會後悔的……」

「……。」

任何人都可以想見，當時我所承受的家庭阻力有多大了。

「你們看，他跟我同血型、同星座咄！長得又跟我小時侯很像，人也很懂事、很乖巧……」

「而且，剛好……他是『小光光』，那我不就是『大光光』了嗎……看，我們多有緣啊……」

「……。」

任憑我這樣努力不懈地，在已吵得「烏煙瘴氣」的氣氛下，「強調說明」我和小光光彷彿是「老天注定」的緣分，家人依舊反對到底、毫不

妥協。最後……

他們也只勉強同意他來家裡住個五、六天而已。

然而，這一住，竟然讓情況有了一百八十度的轉變，家人的立場紛紛動搖了。

其中的原因，除了因爲小光光眞的很乖、很惹人疼，讓人對他付出不到一個禮拜的情感，就到達一種不可自拔的地步之外，更重要的是，只要認眞設身處地去想像，這樣一個小孩有著什麼樣的身世背景的話，任誰都無法狠下心不留住他的……

小光光是個棄嬰，出生不到兩個月，就被放置在一個獨居老太太的家門外，身上穿著、包著淺藍色厚厚的嬰兒衣物，並且還留有一封字跡潦草的信，上面寫著他的生辰和簡單的幾句話：

「這戶好心人，請代我好好照顧這個右手臂上有顆痣的孩子。大恩大德，他日一定當面回報。

苦命女子　叩草」

當然，這個不知是「苦命」、還是「狠心」的女子，最後還是沒有「當面回報」——至少在這個婆婆養了小光光五年後、因病過世之前，她始終沒有出現過。

後來，頓時失去婆婆的小光光被送進了一家育幼院，而這家育幼院正是我在當兵時，常去給院童做課業輔導的那家育幼院（請參考《在勇氣邊緣》一書）。

就這樣，在一次退伍之後、回育幼院的拜訪過程中，院長向我提起了剛到院的小光光的身世種種。也就在那天，我見到了當時身心極度封閉、形容無比憔悴的他。

這讓我不由自主地在接下來的幾天裡，連著去了好多次育幼院，陪他畫畫、陪他看圖畫書、找他聊天……對他憐惜疼愛的緣分也就這樣不知不覺地愈牽愈緊了……

「小光光，是誰最先這麼可愛地叫你的？……」光媽在小光光暫時來家裡住的最後一天，隨口問了他這個問題。

「是……婆婆。」

沒想到，愣了一下，好不容易才答了出來的小光光，竟揉著眼睛哭了起來，惹得大夥兒也紅了眼眶。

因爲，婆婆在過世之前，就是握著小光光的手，告訴他他的一切都是怎麼來的。而且，婆婆還要他收好那封信和淺藍色嬰兒服，同時還說：

「小光光……很抱歉……雖然媽媽到現在還沒來，但婆婆就要先走了，

不能再陪你了……」

小光光一直哭著喊：「我要婆婆，婆婆是媽媽……我要婆婆……」

就這樣……

「小光光，你要不要留在大光叔叔這裡啊？……」光媽忍不住地哭紅著眼，自己先問了。

於是，他留下來了……就在我開始做深夜廣播節目的同時，小光光成了我的孩子。

哦不！應該說是成爲我們家人的「孩子」，因爲，他雖然不是我們生的，可是，我們每個人都非常愛他，把他視如己出。

……

沒想到時間竟過得那麼快，一晃眼已經六年多了。

小光光已從一個剛要提早入小學的小小孩，變成了一個國一的小男

光禹 兒子

生了。

突然，立在黑暗走廊中的我，真的聽到一點聲響了……

原來……

是一直在沙發上睡覺的圓圓跳了下來，摸黑，聞、聞、聞地來到我面前，搖著尾巴「安慰」我。

圓圓好像在問我：「怎麼不睡覺，站在黑漆漆的走廊幹什麼？……」

蹲下身來，摸著我這個耳力、眼力已大不如前，却依然可愛貼心的「老女兒」時，我忽然覺得「她」還是比現在在房裡的「兒子」容易了解多了。

因爲……

她雖然「不會」打電話，但至少她一定天天待在家裡吃飯。

感受

「吃飽了沒？」我把聲音放軟，刻意壓著情緒。

「有，吃了……」背著笨重書包的小光光，悶悶地答了三個字，就要匆匆走過我面前。

「在學校做什麼？為什麼不打電話回來說一聲呢？」我問得比他腳步更快。

「做壁報啦……我有打電話啊，可是吃飯那時候，公用電話有很多人在排隊……」他不得不停下腳步，有點尷尬地解釋著，但一講完又一副想「走人」的樣子。

「那吃完飯之後呢？公用電話還是很多人在用嗎？……」我很嚴肅地問他。

小光光沒有立刻回話，眼神看著地上，有點飄移。

「這已經是最近第二次了，一通電話也沒有，我們會很擔心，你不知道嗎？……」我說。

「不用擔心啊，我又沒怎樣……」小光光喃喃自語式地擠出了幾個字，却露出了一大堆不耐煩。

我一聽，不禁激動起來，「誰知道呢？……你沒有打一通電話回家，誰知道呢？……而且，像你這樣沒事先告知回不回來吃晚飯，奶奶有多難做菜，你有想過嗎？……」

「可是，別人不用打電話回家也不會怎樣呀，人家家人都會包容、體諒的，我們這樣很麻煩、很囉嗦，你知道嗎？……」小光光的聲音也大了起來，顯出了小男生正要變聲時特有的鴨子叫聲來。

我火大了，一長串大聲地說著：「別人家有沒有事先特別約定，或溝通過這種狀況，我不知道。但做爲一家人，你覺得這樣各管各的，甚至輕忽彼此的感受是好事、是對的嗎？……這樣眞的比較好嗎？……難道一通電話叫家人放心，也較好準備晚餐，有那麼困難嗎？……這叫囉嗦、麻煩？……你這是什麼邏輯？……」

……

腦袋裡轉著晚上八點多去電台前，這一幕和小光光對話的畫面，已躺回床上的我，內心又再度緊揪起來，不禁向黑夜深深地呼了一口氣。

說眞的，我仍然懷疑他到底聽進去多少？

還記得小光光正式成爲我孩子的第一晚，站在椅子上，準備和我在浴室鏡前一起「睡前刷牙」的他，傻呼呼地笑著小聲問我：「這裡有沒有『規矩』？」

「『規矩』?什麼『規矩』?……」我煞是不懂。

「以前育幼院都有規矩……」鏡中的他看著我，認眞地說著。

他的回答瞬間觸動了我的心，許多話湧在喉間，一時之間却又不知怎麼對他說。我只有抿著嘴，摸摸他的頭，摟一下他瘦小的肩。

於是，在教了他必學的光氏刷牙法——「魔法刷刷樂」之後，我告訴他：「小光光，以後這裡就是你的家，我們就是你的家人……如果要說這裡有什麼規矩的話，那可能就只有一個，那就是：好好地住在家裡、好好地愛你的家人、好好地在這裡長大，就這麼簡單而已，懂嗎?……而一家人就是：有問題大家要一起解決，心中難過、不高興時大家可以說出來，但是絕不會隨便說不要這個家，也不能像有些育幼院院童，因爲不喜歡院裡面的規矩就離『家』出走……懂不懂?」

「懂!」

黑暗中躺在我身旁的童稚聲音，清楚地這樣說著。旋轉的涼風扇，靜靜地見證了那晚，我們「父子倆」內心對未來的共同期待。

兩個月後，身高不到一百公分的小光光，提早入了小學。

他開始學會自己洗衣服、洗碗，也會主動幫忙家事。

他慢慢喜歡寫點日記。功課也一向自動自發，從不需人操心。

他喜歡乒乓球、排輪和躲避球，也喜歡畫畫、唱歌和寫書法。

他不僅在家裡從不無理取鬧、要這要那的，在學校更是熱心助人，從不與人爭什麼，老師、同學都很喜歡他。

甚至，南部老家的親朋好友也都非常疼愛他。

每回寒暑假，他回去住一段時間，到要北上時，總會搞得大人小孩捨不得地哭成一團。

「我怎麼那麼幸運，老天爺給我這樣一個孩子……」看著小光光一路的成長，我內心充滿一路的感謝。

他不只完完全全融入了這個家，忘了他的身世。他和我之間的情感、默契，還喚起了我的童真，帶來了生活的樂趣。

例如：

小光光小學三年級時，我要他一起跟我改穿寬鬆的四角平口內褲，這樣比較「通風」「健康」。可是，沒幾天，他爲難地問我說：「爸！是讓『蛋蛋』通風比較重要，還是爬欄杆時被女生從下面看到『蛋蛋』比較重要？……」

「你不會爬高的時候小心一點嗎？」我邊笑邊提醒他。

「可是……不管再怎麼弄，『蛋蛋』還不是都只能跑到同一邊，那會一次就被看光了，這不是更倒楣……」他說。

還有一次，我們倆買完霜淇淋，想要邊吃邊等公車，沒想到公車馬上就到了。

上車時，我幫他拿著霜淇淋，才正喊著要他：「小心，拉好，站好……」時，車子突然開動了，我自己猛然一個踉蹌。當場眼前的一個小姐尖叫了一聲，我反射性地連串「對不起」之後，場面竟尷尬得眞不知該如何處理了……

因爲我雙手上，只剩下兩個空的餅乾杯，而「霜淇淋」……全都黏在那小姐的胸前！

「慘了，這……怎麼辦？」車上所有人的心裡大概都這樣暗叫著。

沒想到，更尷尬的狀況出現了——小光光居然一個箭步上前，將小姐那兩大粒——霜淇淋摘了下來，直接放回我的餅乾杯，然後……還邊拿出衛生紙，邊對小姐說：「小姐，對不起！妳不要罵我爸，他不是故意的……要不要我幫妳擦一擦？……」

光禹 感受

天啊！夠了，小光光，你……

好笑吧？眞是好一對父子妙拍檔啊！

我們一起爬山、聽音樂、打羽球、看電影，還一起討論我的書和廣播節目，年紀小小的他眞的和我無所不談，我多麼喜歡這種感覺啊！

「養孩子，不難嘛！」一年前，我還這樣深深覺得。

可是，曾幾何時，這樣親近、趣味的親子關係，竟慢慢起了微妙的變化——自從他上了國中以後。

去年，他明明還可以在看完李察吉爾和白靈主演的「紅色角落」錄影帶後，感動得和我討論到半夜三點鐘還不去睡覺。其中片子裡的一句「坦白從寬、抗拒從嚴」台詞，還讓我們常拿來故意開玩笑、鬥嘴的，然而，現在呢……

現在，我竟然常跟他講不到一、兩分鐘正經話，他就老是要借機閃

人，更別提會主動找我閒聊了。

尤其有時候，他常用似是而非的道理與我頂嘴，但另一方面卻又抗拒理智、細密的討論，總是嫌囉嗦，壓根兒就是一副「話不投機半句多」的酷樣。就像今晚的「電話事件」一樣。

「爲什麼會這樣呢？難道孩子的青春期就一定是『怪怪期』嗎？莫非眞正的『親子』難題才正要到來嗎？」

我在床上想著想著，一直無法入眠。

鐘敲了四響之後，我聽見光媽起來上洗手間的脚步聲。

「好了、好了，沒什麼大不了的事情，不要太大聲講話。下次他記

得打電話就好了，你趕緊去電台上班吧……」

「小光光要不要再吃點東西……來，奶奶幫你弄熱，好不好？……」

「……。」

想到光媽今晚又再一次在這樣的狀況下，一派「懷柔政策」地緩頰著，我就很擔心所謂家庭教育裡的包容和原則，似乎會愈來愈難界定了。

不行，明天我一定要找機會再跟她好好地「研究研究」。

誰說

「教孩子要說道理、講原則沒錯，但也不能只用很『強勢』的方式呀，那樣效果有多少，你自己心裡清楚……不要弄到最後，連什麼『你是不是眞愛他這個領養的孩子』的問題都跑出來才好……」

「反正你已經『嚴肅』地跟他說過了就好，我和他小姑姑（指光妹）在你昨晚出去後，也慢慢地跟他聊了一些，情況很好啊……」

「其實他也不是只有少跟你說話而已，我們也這樣覺得啊！……連你爸每次從南部回來，也覺得他怎麼愈來愈安靜，不怎麼愛跟他這個爺爺說話……」

「哎呀！你又不是不知道他現在升國中了，功課多、事情忙、壓力大，所以……不喜歡說話，沒有那麼嚴重啦……」

「……。」

耶？沒想到下午四點多一回來，和光媽「研究研究」沒幾句，她的三言兩語就讓我啞口無言、「辯」不下去了，彷彿一個是「了然於胸」的先知，一個是「毛毛躁躁」的小卒。

原來，光媽還眞有她自己的想法，並不是只有本能地「奶奶護孫子」而已。

圓圓趴在地上，偷瞄著我們對話的表情。

「可是，爲什麼妳以前對我就比對妳的孫子強勢得多？太偏心了吧！妳不公平……」

突然，我眞想脫口說出這句話來。然而一想，這種「吃味」的話我還是擺在心中好了，因爲，到底光媽疼的還是我領養的孩子啊！而且，我也怕她萬一回我一句：「因爲你沒小光光可愛，也比他難教啊……」的話，那不就自取其辱了嗎？

「喔？……聽妳講得頭頭是道的，好像教育專家一樣。好吧！妳可以去開課了……」我只好笑一笑，故意乘機虧一虧她。

光媽不理會我的玩笑，卻認眞地接著說：「不過，有一件事我不太懂，看你要不要去跟他說一說？」

「什麼事？」我頓時感覺好嚴肅。

光媽說，今天早上小光光起晚了，快七點才匆匆出門，但又衝了回來，要她去他房間桌上幫他拿公車卡。

一進房，她就覺得有一點點怪味了(要知道光媽的鼻子可靈得跟獵犬一樣)。拿了卡給他之後，她再回房去整理小光光未收拾的床被，也「順便」查一下那味道是哪裡發出來的。沒想到，卻在枕頭旁發現了一團衛生紙……

「味道就是從這裡發出來的……」光媽刻意壓低聲音說著。

「什麼味道？……那什麼東西？……」

我心中雖然馬上猜到怎麼回事了，卻還是反射性地這樣問著！

光媽白了我一眼，好像叫我「別裝了」似地，然後繼續正經地說：

「小光光要變成大人了，你這個做父親的要不要去跟他說一下……」

我「正式」地愣了一下，因爲感覺就是突然。

「要說什麼？……那是男孩子在長大過程中『自然』的啊……」我含蓄地說。

「可是，上上禮拜在倒他房間垃圾桶時也發現一次，因爲那天剛好裡面只有一團衛生紙……」光媽又說。

「喔，這樣啊……那……也是自然的啊……」

我盡量裝得「眞的」很自然，事實上卻尷尬的要死——因爲，我實在無法在光媽面前說出什麼「夢遺」啦或「手淫」這類的「性學」字眼啊！而且，我也不知道這兩個詞用台語要怎麼翻譯呀……

「自然的？……眞的什麼都不用說嗎？……」光媽看著我，圓圓也看著我。

嗯……我想想啊……

突然，光妹回來了。

圓圓叫了幾聲，跑上前去迎接。

啊，我想到了……

於是，嘰嘰咕、咕嘰嘰……

「開玩笑，要我這個小姑姑去跟他說什麼啊？『性教育』不是你這個做爸爸的責任嗎？……」

光妹說得表情很誇張、眼睛瞪很大，而且，差點彈跳起來。

「他小學時，妳不是還託他去便利商店買過衛生護墊嗎？你們感情好啊！妳去說嘛……」我笑笑地推得一乾二淨。

「喂！這是兩回事，好不好！……什麼態度嘛，你……」

此時，兩個女人和一隻母狗的眼光都對準了我，叫我無法閃躲。

這……

這要怎麼說呢？

「我晚上還要做節目，我先去睡覺……」我說。

談性

不到七點，鬧鐘還沒叫醒我吃晚餐、看新聞，我就已經被小光光回家後，和小姑姑、奶奶的問話聲給喚了起來——雖然他們一向在我這「第二段睡眠」時，都會刻意壓低聲音。

我躺在床上，看著天花板，努力想著到底要不要跟小光光提起「那碼子」事。而如果要提的話，又要怎麼「起頭」才算「恰到好處」呢？

「嘿！兒子啊，爸爸已經忘了第一次夢遺了，你記不記得啊……」

不行、不行，這樣太輕浮了……

「兒子呀！你到底是手淫還是夢遺啊？……你怎麼可以讓奶奶『收拾殘局』呢？很不小心、也亂不禮貌的，你知道嗎？……還有，弄髒被單要記得換洗……」

不對、不對，這太嚴肅了。

哎！要父親對孩子「很自然」地提這種事，眞是難啊！

我突然想到，一年多前，小光光倒曾「人小鬼大」地玩笑問我：「爸，我看你應該不用威而鋼吧！」

「廢話，爸爸仍是一條『活龍』，用什麼威而鋼！」驚訝之餘，我立刻故意套用廣告詞，輕鬆地回他話。

沒想到小光光卻說：「可是……活龍先生沒有活龍太太，本來也就用不到威而鋼啊……」

眞是聽得令人噴飯！

其實，我們的家庭不是開放得可以肆無忌憚地談這種性事。而且，我相信喜歡看書、喜歡蒐集資料的小光光，所看到的衛教課本、報紙、健康雜誌或家中的醫學百科，絕對比我能告訴他關於性的部分，要詳盡得多、也正確得多。那麼，究竟我要跟他談什麼呢？

「應該是……在他變成大人身體的懵懂過程中，給他一種關心和提醒的感覺就好，而不是壓力吧！」我想。

可是……

現在小光光那副不想理人的樣子，眞是太難切入這問題了。

但，我不能逃避的，是不是？

於是，在鬧鐘一響、按掉後，我開門穿過已擠滿了菜香的走廊，到小光光房裡找他談談。

他正弄著桌上果汁盒裡的小幼苗，那是他幾天前種的，現在冒出了點嫩綠的小芽兒來。

我進去之後，他看了我一眼，意思好像是說：「你不看新聞嗎？」

眼神裡的心情普通。

「回來啦！」我先開了口，然後，坐了下來。

接著我閒扯了一些話題「暖身」，其中還提到昨晚我並不是故意要那麼大聲兇他的，我只是希望他以後要更體貼家人的感受。

他有些不好意思地點頭，卻還是「惜口如金」，不說一句話，但比較沒有距離感了。

我馬上話鋒一轉：「你們現在應該都知道什麼是夢遺和手淫了吧？學校也都有教吧？……」

小光光突然停止一切動作，愣了三秒鐘……才硬生生地點頭，可是沒有看我……

他可能想到「衛生紙」的事了，因爲我立刻感受到他的抗拒感又冒出來了。

「沒關係，不要尷尬，我們男生都是這樣長大的，我現在不是來給你上『性教育』的，因爲老師和書本一定早就上得比我好了……」我看著他的側臉說著，並換了一口氣。

「我只是要告訴你，爸爸知道你正在長大，爸爸也很關心。其實，性衝動在你們這個年紀會愈來愈常出現，不知不覺地就會勃起，連有時候早上起來時都會，那都是正常的……所以有時身體會自然地呼喚你宣洩一下，順便解除一下壓力……可是，有些人却可能會一直迷失在宣洩性衝動裡，而沒有將注意力轉移去專心做一些事情上，或者多多運動等等。甚至……像有些人還在國中時就發生了性關係，而且也沒戴保險套，然後就……懷孕了。這樣非常不好，他們未來的成長、學習路程都會秩序大亂，最後會害了自己……」我說。

咦？沒想到，我居然可以一口氣就說出這一大段話，而且還說得頗

有「大將之風」……

哈！我實在太佩服我自己了。

當我稍事休息十秒鐘之後，正準備再換一口氣，繼續善盡「做爸爸」的責任時，却換來小光光冷冷的一句：「我不會那樣啦……你講的我都知道啊……」以及光媽從廚房傳來的：「吃飯嘍，小光光叫你爸吃飯……」我只好當場閉了口，把氣給吐了出來。

「喔！」小光光回應了廚房一聲，就一副坐立難安的樣子。

頓時間，空氣中一直留著白，好像頗爲尷、尷、尷、尷……尷尬呀……

「嗯！好吧！你知道就好，那……吃飯吧……」我只好故作輕鬆、「點頭微笑」地說。

但才一說完，小光光立刻頭也不回的出去了，動作好快。

我……我在幹嘛呀我？怎麼好像有說跟沒說一樣……

而且，我「點頭微笑」給誰看呀我……

哎！媽媽咪呀！我這做老爸的是不是很糗、很肉脚啊？

今晚餐桌上，該不會有一道「滷豬脚」吧？

迷亂

光禹：

帶著絕望的心，我要給你寫下最後一封信了，因爲我已愛到不能愛、給到不能給，而你卻還是不能明白我對你的眞情眞意。

我知道我不夠好、我不夠美，因此，我非常努力地想把最好的給你，讓你快樂，不要你受一點委屈……這一切，只是想換得你一點點的愛而已啊！可是，你却一再踐踏我的愛，拒我於千里之外。

於是，我死了又生、生了又死，終究還是只有痛苦煎熬、生不如死，像行屍走肉。

所以，我只有永遠的離開這個世界了。

我曉得你不會哭的，對我，你根本不會有一絲絲憐惜。但，你很清楚、老天很清楚、別人也將會很清楚，從頭到尾我都是如何仁至義盡地對得起你的，雖然你是如此對我。

既然，你一直確定我們今生無緣，那麼就來生吧！來生，你還會那麼無情嗎？

永別了！

紫欣

沒想到，一回到家，拆閱的第一封以快捷郵件寄出的信，竟是這樣的內容。我坐在桌前，內心頓時亂了起來。

夜半的空氣裡，聽見了心跳。

紫欣，二十六歲，上班族。自己一個人住在台北，是一個「夜光家族」的聽友。

她「經常」寫信給我，半年多來，共寫了兩、三百封信。

她的第一封信由於字跡工整，而且，談到了很多聽我節目的感覺和看我書的感想，所以令我印象非常深刻。

再加上身爲花蓮人的她，聽到我在節目中提到，我喜歡花蓮少被破壞的自然風光，也非常渴望將來有機會可以長住那裡，她竟然就熱情地「順便」爲我準備了許多「驚人」的資料——包括當地的租屋與房價狀況，當然還包括到時候免費招待住她的家。

於是，我回了封短箋給她，謝謝有緣的她那麼熱忱與貼心。

之後，我就連續一直收到她許多的信件和禮物，讓我不得不回信告訴她：「禮物我收到了，謝謝妳。雖然我很喜歡，但可否請妳不要再破費送禮物了，好嗎？……」

但是，她仍然繼續送、繼續寄，而且從她信中的字句和所挑的禮物裡，我已漸漸感覺到她對我的濃烈情愫了。

甚至，每次她一定會附上寫好的回郵信封，要我收到禮物後一定要回函告知她！

於是，我只好久久、久久回她一封信，告訴她上、上、上、上……上封信和禮物通通都收到了，但請不要再「麻煩」了，心意我眞的心領了……

然而……結果是，你知道的。

有一天，她call進了節目現場參與話題，當她報出她的名字時，我愣了一下，接著，沒講到幾句當日的主題內容之後，她就當場要求和我私下講幾句話。

我本不想答應的，但廣告時間已經到了，於是心想：「也好，就跟

她說清楚吧！」

可是……萬萬没想到這一講，我的「不要再送禮物了」「我們只是單純的空中朋友而已」根本不是重點，而她的「爲什麼她不可以和我見面，天天照顧我」「誰規定空中朋友不能當男女朋友」才是重點。

是的，她就是這樣直接、明確地說的。

而且，她還一直問我，爲什麼不回她的信、不打電話給她……

她根本完完全全聽不進我的任何訊息和解釋。

所以，一個多禮拜之後，當她第二次再call進現場，用同樣的方法要我私下和她說幾句話時，我立刻拒絕了她。

「現在大家都一個接一個call進來聊這話題，妳要全部的人都等妳一個嗎？妳不會這麼自私吧？……」我說。

然而上個月，有一次上節目之前，她打了助理人員辦公桌上的電話，我大意地直接接了起來，於是，又是一連串更激情的質問、爭辯、耍賴、哭泣、掛不了電話……

我說，如果她再這樣不理智的話，我非要請她花蓮的家人來幫助她了。她說我要是眞這樣做，她只好去死等等，弄得當晚我和工作人員筋疲力盡、情緒敗壞地做「夜光家族」節目。

你說，對她，我怎麼能再有一絲一毫、任何形式的回應呢？即使她仍然繼續來信求「情」……

今晚，看著她最後「絕筆信」的迷亂字跡與內容，我有太多的不明白和不知所措。

我實在不忍心去想，現在她怎麼樣了？……

爲什麼她要讓自己如此地折磨，又要讓別人如此地痛苦呢？彷彿我和她之間早已經盤根錯結、糾纏難清了，可是……我們根本沒見過面啊！

洗了把臉，站在浴室的鏡子前，我讓自己清醒了點……

「找出她第一封信裡花蓮家中的電話，明天一早直接跟她父母談談吧！」鏡中的人這樣告訴我。

正當關了浴室的燈，要進房去找電話時，我好像聽到了什麼聲音。

我止住了脚步，用力聽著。

尋聲

起先，我以爲又聽錯了，可是沒五秒鐘，我「眞的」又聽到了。

我反射性地看了看黑鴉鴉的天花板，並立刻想到，昨晚小光光是不是就是聽到這個聲音的。

那是一種很清脆却又很小聲的「喀、喀、喀、喀……」的聲音。

我打開走廊的燈，天花板上空無一物。

我來回循線地聽著，聲音時有時無。

但聲源究竟從哪裡來？

我努力地找到了約莫的「位置」——就在小光光房門口上方附近的天花板滾邊木條上，這的確是小光光昨晚盯著的位置。

旁邊再過去半公尺多的天花板，就是當初爲了便於安裝「筒燈」所留的便利小門了。

靜靜地聽著那聲音，眞是愈來愈清晰，好像……

「蛀蟲……」

當內心浮出這個字眼時，我突然覺得有點毛骨悚然，因爲我們家的裝潢有很多是採用木質的，那正是蛀蟲、白蟻的最愛啊！

趕忙從晾衣間拿來工作梯和手電筒，爬上去近距離「傾聽」木條該處之後，心中認定是「蛀蟲」的感覺，眞的益發強烈。

因爲，我彷彿連蛀蟲前進的脚步聲和啃蝕的咀嚼聲，都聽到了。

我用手電筒輕碰了一下木條，哎呀！沒想到木條竟然破了個洞，裡面全空了……

我著實又大大地嚇了一跳，全身寒毛全都豎了起來。

我立刻拿來附有細長噴嘴的強力殺蟲劑，將長長的噴嘴戳進木條的洞裡，順著木條的走勢左右亂噴一氣。

而且噴了這個洞之後，又再戳別的洞，把一些蛀空了的木條段落全都狂掃一陣，彷彿我手中拿了一把機關槍……

就這樣……

「喀、喀、喀……」的聲音，眞的平靜下來了……

下了工作梯，看見圓圓站在不遠處，望著早已彆氣彆得有點喘的我。

「搞什麼，怎麼會弄成這樣？」圓圓的眼光這樣問我，而我心裡也這樣問著蛀蟲，因爲……

「現在是冬天啊，你們白蟻不冬眠的嗎？……」

「會不會屋內別的地方也都有了蛀蟲了呢？」

我不禁愈想愈恐慌，心跳一直緩不下來……

這時，鐘敲了三下。

夜，只剩圓圓尾巴搖晃的輕微風聲。

然而……

今晚就只能這樣了，明天再説吧！
希望明天別有太「勁爆」的發現才好。

發現

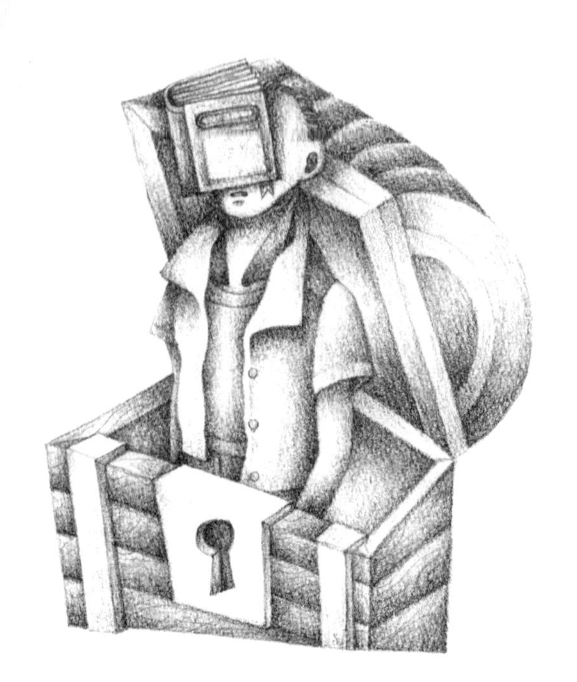

「很抱歉，打擾你們了，我真的是因爲擔心她會做傻事，才打這通電話給你們的……」

「我們了解，我們完全了解，謝謝你告訴我們，應該抱歉的是我們才對……」

早晨近九點，家裡只剩我一個人。

冬陽和著紫欣父母親明理溫和的語氣，讓我昨夜受攪動的心，有了點溫暖的沈澱。

其實，他們倆對遠在台北的這個女兒、這樣的狀況，毫不知情。初聽時，他們非常的驚訝，也很難過。

但也許因爲紫欣的爸爸是個高中數學老師，而媽媽是慈濟功德會的會員，曾參與佛法輔導青少年的工作，所以，他們在了解整個事情的經過時，情緒一直都控制得很好。

有課要先離去的紫欣爸爸，更是一直頻頻道歉。

他們說，自從半年多前紫欣唯一的姊姊嫁到高雄之後，家裡就只剩下他們兩老和行動不便、有些中風的公公。而紫欣媽媽的身體又不好，無法負荷照顧公公的體力付出，所以，他們一直希望住在台北的紫欣能回來花蓮工作，彼此也有個照應。

但紫欣硬是不肯，好幾次還跟北上勸說的爸爸吵得很兇，說什麼她跟同事感情好得很，爲什麼硬要把她拉回來；還說她在台北有男朋友了，如果姻緣被他們這樣硬是破壞了，他們擔待得起嗎？

「我們要她把男友邀回花蓮來給家人看看，她說時機未到……我們眞的沒有想到她說的『男朋友』就是你……」

「而且，原來紫欣賺錢一直不夠花，放假回來也一直在寫信，就是這個原因啊……」紫欣的媽媽說。

她說她和先生雖然都曾聽過我的名字，但也只大概知道我是個廣播主持人和作家，卻沒想到會在這樣的狀況下跟我「接觸」。

「昨晚，我打電話給紫欣講一些家裡的事，但紫欣好像心情很不好的樣子，才跟我講不到幾句話就想掛電話了，還說她在等一個非常重要的電話……」

「二十六歲了，爲什麼還要做這樣瘋狂的事？……都是我們自己教不好……還有什麼資格用佛學去輔導人家的孩子，哎……」

聽到身體不好的紫欣媽媽有些含淚的自責，我感覺也很難過，但她卻隨即整理了情緒，繼續說著。

「沒關係，你不用再回應她了，我也不會說你有打這通電話來，現在……換我們做父母的來處理就好。」

「昨晚她說她今天休假會出去，我相信晚上我會聯絡到她的……我想，我們會盡量帶她回花蓮……」

「只是，如果將來再有特別的狀況，我可不可以再請你或電台方面和我們配合一下，我們一起來努力，好嗎？……」

留了電台節目部組長的名字和辦公室電話、跟紫欣媽媽道別之後，感謝與心疼的感覺一下子湧了上來。

我知道，一個堅強承擔難堪、勇敢面對難題的媽媽，現在的心情一定在滴著血吧！

爲什麼「孩子在外面早已弄得翻來滾去、雞飛狗跳時，父母往往是最後一個發現，而且，都只有硬著頭皮出面承受、善後」的戲碼，一直不斷地在出現呢？

有的孩子持的理由是「報喜不報憂」，而有的孩子却是因爲他們以爲可以完全「自己做、自己擔」。

那麼，紫欣呢？

望著客廳的天花板，我百思不得其解！

想著想著……

「啊！對了，白蟻！」

我立刻從沙發上跳了起來，來到了走廊，仔細傾聽著……

我來回走動地聽著、聽著，可是……

一點聲響也沒有了。

「蛀蟲，眞的被殺光了嗎？」

我疑神疑鬼地再拿了工作梯爬高聽著……而且，還心血來潮地想順便打開天花板上的「便利小門」，探頭上去查看一下……

於是……

我先用手往上頂一頂、碰一碰，以確定小門並沒被什麼「蟻窩」之類的東西「壓住」或「卡住」之後，我極其小心地將它打了開來，然後，再配合著手電筒的光，我慢慢將頭探進天花板去……

我戒慎恐懼地緩緩照探了一下四周……

還好，似乎沒發現什麼……

忽然一個轉頭……

我看見了一本小光光的日記。

心事

窗外的陽光突然暗沈下來。

下了工作梯、坐在客廳沙發椅上的我，情緒既緊繃又凌亂。

而握在手中的厚厚日記，竟莫名地透著一種屬於十二歲的心事重重——雖然我還沒有正式地讀它。

「否則小光光不會把它藏在天花板上……」

「否則小光光也不會變得這麼寡言孤僻……」

「這裡面，一定有我全部想知道的答案……」

一股迫切渴望知道孩子眞正心事的強烈動機，就這麼淹沒了「我該看它嗎？我非得看它嗎？」的掙扎思緒。

於是，我毫不遲疑、也毫不費力地驅策著我的手、我的眼，開始一頁頁地翻閱著小光光踏入國中後的第一本日記。

只是，耳際和心頭隱然響起的嚨咚鼓聲，也就跟著愈敲愈急、愈敲愈大聲了……

……

校長在朝會時引用尼采的話：「人要先學會做一隻駱駝，然後才能做一隻獅子。」希望我們能「吃得苦中苦，方為人上人」。

這鼓勵，我懂，但駱駝做久了、做好了，為什麼要做獅子呢？我不懂。

一個是大口吃肉才爽，一個是遇見綠洲就很滿足，兩者路線完全不同，根本沒有交集，為什麼硬要角色交換呢？

怪怪？？

哈！扯遠了！無聊！

總之，國中，我來了，我相信我會找到很多綠洲的！

PS.班上許多女孩子已經有點像「雙峰駱駝」了，可是個個看起來倒像是惹不起的母獅子，恐怖哦——有「雙峰」的母獅子！

◆

……

老師要大家多多照顧坐在我身後、有點腦性麻痺的小伍。不過，他好像比較希望人家跟他聊天的樣子。

他對我說：媽媽要他多交點朋友，而課業只要盡力就好。可是他自認書一直唸不好，又太愛講話，還有些口臭，以前同學都不喜歡他。

我彆著呼吸，微笑地安慰他……

……

我覺得建鈞眞的比我更有資格當學藝股長，可是當副學藝，他卻一點都不以爲意。人家他可是當了小學三年的班長和兩年的副班長啊！

……

他媽媽是高中英文老師，難怪他英文好、才藝好、教養又好……

我很高興那麼快就交到他這個朋友。

……

◆

我不明白爲什麼阿豪看人的眼光總是那麼不屑，一副混黑社會的樣子，沒人敢跟他講話。

只有國小也和他同班的小強會跟他大聲笑鬧，扯些有的沒的。

可是，他們講的都很低俗、很黃，而且旁若無人，常讓午休和課間休息的氣氛，變得很詭異！

……

◆

……

有些女生驕傲、八卦的本性已經跑出來了，可是小美好像不一樣，雖然她也滿活潑的。

……

◆

……

氣質眞是一種很奇妙的東西。

同一個表情和說詞、同樣分貝的笑聲和笑法，有些人做來就是讓人感覺很俗氣，而有些人就是讓人感覺很有氣質。

小美，不錯！

……

◆

……

昨天第一次家庭電話訪問。

今天邱老師就告訴我說，老爸的聲音很有氣質，說他可以去當廣播人，只當上班族太可惜……

哎！原諒我和老爸串通好的善意謊言吧，老師！

不過，我今天告訴妳的，都是眞的喔！

我老爸眞的很會挖鼻孔，而且，鼻毛常不剪。

有氣質吧？

……

◆

……

太多次在公車上看到他，偷偷地爲同一個不知是弱智，還是故意裝迷糊、想占人便宜的老伯伯補投五元車款，我就非常感動。沒想到今天參加了書法聯課活動，才知道他也是同社團、唸國二的小周學長。

我內心實在很高興，雖然我還沒有機會和他說到話。

學校應該頒給他一個獎的，我覺得。

……

◆

生物老師好像也很喜歡小美的樣子，每次上課時都會盯著她看，還會常問她問題。

沒關係，他已經五十幾歲了，只能當人家阿公而已！

……

◆

……

居然不到一個月，班上已從原先只是小圈圈而已，變成有一點分派系的感覺了。

而我，都不屬於任何一個團體，所以好像任何一個團體我都可以聊上幾句。可是有時候，我卻感覺有些落寞，因爲，我好像永遠都只是個插花的人。

應該是對班上同學比較熟悉的時候了，可是，却好像還是一樣的陌生……

……小美主動表示，以後願意幫我和建鈞製作壁報。哇！太棒了！她眞的離我愈來愈近了。

……我們三個大概都是無黨無派，才會在一起吧！

◆

原來這就是夢遺啊！

男生還是比較好，如果第一次像女生那樣流出一堆血來，那我不是會被嚇死！

……對不起，日記，我這樣說有沒有褻瀆妳？

◆

◆

第一次段考果然是建鈞第一名。

我雖然第二，但總覺得差他好多。一樣都沒補習，他爲什麼那麼強？

我知道，一定要跟比我好的人比，我才會上進，可是我却變得有點嫉妒……

不行不行，建鈞一直那麼好、那麼謙虛……我不可以這樣！

哎！跟自己比吧！

小光光，加油！小美也是，下次要比第五名更好喔！

……

◆

邱老師眞的很好，有她做導師、教我們國文是很幸福的。

但是，她絕對想不到很多學生在她面前是一個樣，背後又是一個樣，

就像……

她不會知道有些同學連小考都作弊作得兇啊……

沒有誰願意當個「抓扒仔」的。(抓扒仔：台語，告密者)

我們是第一屆廢除聯考的實驗生，這會廢除掉學生的作弊心態嗎？

你看著好了！

……

◆

丟臉啊！連坐公車抖、抖、抖，都會抖得勃起，我是不是太……

哎呀！抱歉、抱歉……日記，我怎麼又褻瀆妳了……

……

◆

好！我相信奶奶沒看我東西，可是她幹嘛幫我整理桌子？整理好了我反而找不到東西，我當然氣。我自己本來就亂中有序的啊！

再說，有很亂嗎？

老爸房間都可以亂了，小孩就不行嗎？

奇怪！

……

◆

……

他們居然拿色情圖片逼小伍看，把女生也嚇得個個尖叫，還邪惡地大聲笑說：「誰眞正看到了嘛？說啊，是什麼嘛？否則不要隨便一口咬定它就是色情圖片……」

夠了，眞是變態「豪強二人組」……

小美冷漠以對，叫他們：「拿開，我要看書……」

這方法是對的，因爲愈叫的花容失色，他們就愈樂……那些笨女生難道不懂嗎？

……

◆

哼！他們當然說沒拿什麼色情圖片，老師在課堂中意有所指地責備自己也沒用啦……

她應該看看他們被約談完剛進教室時，還挑動著眉毛的微笑表情！

……

◆

第一次看見小美傷心地哭了。我很難過，我實在很想安慰她。

就算她媽媽眞的在酒店當公關經理好了，一定要把她們母女講得那麼難聽嗎？

現在在別班的她的小學同學，爲什麼還要在這個新的學校亂傳她的家庭私事和八卦，再一次給她的傷害呢？

難道，因爲她長得美、人緣好，就嫉妒她嗎？

很多人自己不都是單親家庭的孩子，可不可以不要這樣落井下石呢？……

人言眞的很可畏，像胡亂揮舞的刀劍。

我想我可以很深刻地了解，從入小學到現在，老爸爲什麼堅持要我不必告訴任何人我的詳細身世的用意了……

小美，別理會他們，我永遠是妳的朋友……

……

◆

每天的太陽一樣從東邊升起，我卻感受著它每天不同的溫度和心

情。

……

她今天心情好嗎？還在難過嗎？還是故作堅強、冷漠？……

看了昨天我給她的紙條了嗎？

她爲什麼都不說話？還是她怕他們又把我們扯在一起，開些惡毒的玩笑呢？……

小美，妳要快樂起來，別被那些爛人打倒啊……

建鈞也在爲妳加油。

◆

……

眞想大聲吼出來……

今天心情不好，再加上有點感冒，已經夠難過了，不要再唸東唸西了，好不好？……

我只想在自己房間安靜看書，爲什麼要逼我說話？

……

◆

「小光光，謝謝你，我眞的好多了。放學去金石堂再說好嗎？

小美」

原先好怕她想轉學什麼的。謝謝她眞的把我當朋友，對我說了那麼多。

換成是我，我也一定會很恨她那麼惡劣、拋妻棄女的爸爸的。還留那麼多債，要還到民國幾年啊?!

我只希望她媽媽能少喝點酒、早點轉業，畢竟健康、親情才是最該

把握的。

小美，妳眞的比我想像中堅強，也讓我好心疼。就像我講的，我當然願意和妳分享我的老爸。他是個好人，雖然他今天唸我晚回家。

我不會先告訴他妳媽媽的狀況的，妳放心。

別忘了，我永遠是妳的好朋友。

而且，哪一天，等我準備好了，我也會告訴妳我的故事的，希望到時候妳也不要被嚇到……

妳送我的不知名的種籽，我們就種種看吧！看它長出什麼東東來。

……

◆

……

實在很想立刻叫他們閉嘴，我和小美根本沒怎樣，他們是八卦狗仔隊嗎？

受不了班上那一堆「閒人」……

……

◆

是我告訴小伍不要吃他便當的沒錯，可是，難道任何人知道阿豪和小強趁抬便當去蒸時，故意把沙放進他便當的事，不該告訴他嗎？

他們真的太囂張了，不只不顧我當時勸阻他們不要這樣，還說：「白癡小伍不是很愛說話嗎？我這次看他這個口臭大王會怎樣反應、怎樣哇哇大叫……反正只要我們四個不講，誰知道？大不了，就說抬便當時不小心打翻的，這樣可以吧？……」

看著老師安撫著激動「申訴」的小伍，並且紅著眼眶要他們為「打

翻小伍便當」道歉時，我眞的覺得很荒謬。

懦弱的我，爲什麼不站起來咆哮出眞正醜陋的眞相呢？我以爲自己做的已經夠了嗎？

不夠的！不夠的！不夠的！

我爲什麼要怕他們會恨我、對付我？是不相信老師、學校的處理能力？還是不相信自己挺得住？……

一切怎麼會這麼可悲啊！

……

◆

……

很奇怪，當阿豪把我逼到牆角，掐弄我的脖子，一副就要給我好看的樣子時，我雖然緊張，可是我並不害怕。

當下我腦子裡的念頭全是「即使被揍，我也絕對不要還手，而且，也無力還手，因爲建鈞、小美和我，根本不是他們四個人的對手……」

臨走時，他們踢倒了做壁報的東西，還邊說：「對不起，對不起，眞是不小心！我們今天沒打人喔，別亂告密喔！」那樣子，讓我直覺他們是跟電影學的。

「放心！會再找你好好聊聊的，看看你到底是智障黨呢？還是女人派啊？」阿豪笑中帶狠地丟了這句話給我。

小美哭了，說我中午不該爲了她，說出那句：「大家都是同學，不要用『小賤人』那麼惡毒的字眼叫人！」當場引來他們那些人的噓聲。

「跟那無關的……」建鈞拍著小美的肩，冷靜地安慰她，也關心著驚魂未定的我，「你還好吧？有沒有怎樣？」

是的，當然跟小美無關，「小伍的事」應該才是更重要的原因吧！再

說，那種人只要不順他的眼，都是他的原因的，不是嗎？

他不會放過我的！

……

沒想到回來還被罵，今天眞的有夠倒楣的。

這樣的事跟他們說有用嗎？一家人擔心，甚至把事情愈弄愈複雜、愈弄愈糟糕……這樣好嗎？

所以，聽天由命嗎？還是，相信自己絕不是把問題愈弄愈糟的人就好了？……

誰知道？

爲什麼才國一而已，就這麼社會版呢？

學校怎麼了？

社會怎麼了？……

放下日記的我，感覺到內心似乎已被揪扯得快喘不過氣來。

雖然，我知道小光光並不一定是每天都寫日記的，但看到前天最新的那一篇內容，我多麼希望小光光昨晚也有寫下隻字片語，讓我這個做老爸的知道，昨天接著到底有沒有怎麼樣？

窗外的陽光變得忽明忽暗，像極了日記中小光光早熟的青春心境，更像我此刻焦慮滿懷、卻又急欲冷靜下來的心情。

「爲什麼不告訴我這個做爸爸的，讓我分擔、提供意見呢？你怕事情會愈弄愈糟，我們還擔心你獨自承擔、面對，事情會愈來愈難處理呢？……你才十二歲啊，你能做什麼？……」

我激動地在心裡叫著。

「可是……我要怎麼做呢？馬上去學校找老師，把阿豪抓出來，給他大大的教訓和處罰嗎？那會善了嗎？會不會太莽撞了，反而眞的造成反效果？」

「而且，問題是我怎麼知道的？我對小光光隱私權的尊重又在哪裡？……」

想著想著，情緒竟然有點冷却了，可是心情却還是一樣凌亂。

我愣在沙發上，有些不知如何是好！

不知是想得太入神，還是內心本能地一直知道自己是在「偷看日記」，忽然一個電話聲，竟讓我嚇得跳了起來。

原來是一早就回台北來的光爸，他現在人在台北車站。由於他上次下南部工作時忘了帶家裡鑰匙，所以他特地一下車就先打回來，看看我

出門上班了沒。

「我正好要出去了……」

面對一向剛正不阿的光爸，我竟莫名地「做賊心虛」起來，突然說出了一個不老實的回答。其實，我可以等他到家再出門的。

「沒關係，那我去媽媽工作的地方跟她拿鑰匙好了！」光爸「主動」回了這個我原本也想給他的「建議」，我內心的「罪惡感」減少了許多。

圓圓看著我掛了電話之後，立刻小心翼翼地將日記歸回「原位」、把東西收拾好後，便匆匆忙忙地出門了。

「他超級怪的，日記裡面到底寫了什麼？……」關上門之前，圓圓的眼光這麼說的。

天啊

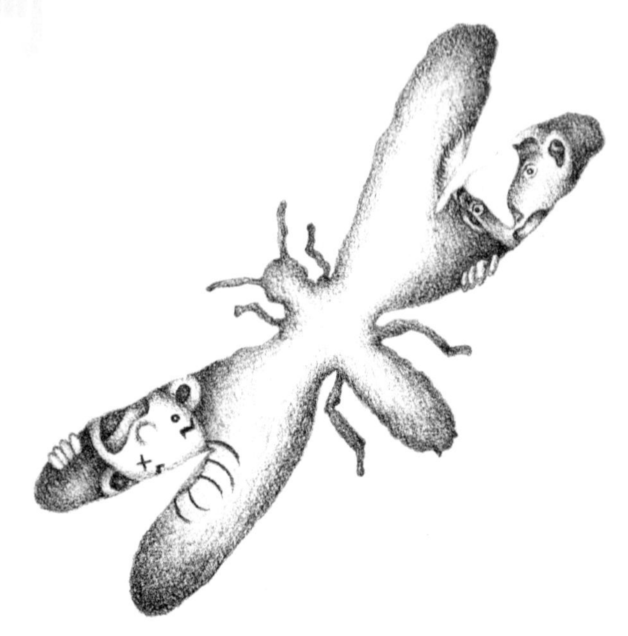

「小光光回來了嗎？」

傍晚一進門，看見正在庭院「弄花弄草」的光爸，我不經意脫口而出的，竟是這句話。

「哪那麼快？才四點多一點，哪有可能現在就回來，你要他蹺課啊！」光爸看了我一下，笑著說，覺得我有些奇怪。

是啊，我自己問完之後也這樣覺得。

一整個白天腦筋一直轉著小光光的事，情緒不洩底才怪。站著和光爸聊了一些有的沒的，也聊到他也知道的紫欣，和昨晚她的那封信，以及今天早上我打電話給她父母的狀況等等。可是，我就是怎麼也說不出我看了小光光日記的事。

而且，我還聊得有些心不在焉，連看到圓圓在我腳旁搖著尾巴，等我摸頭已好一會兒了，我仍沒有意識到要彎下身去拍拍牠，謝謝牠的迎

接。

「不知道她到底在想什麼，爲什麼要一直這樣跳不出來呢？……」光爸搖著頭，說著紫欣。

「你說什麼？」

恍惚掉的我，忽然「回頭」找不到光爸的話，也發覺等不到我回應的圓圓，早已經趴在地上洩氣地看著我。

「對了，昨天半夜我竟然發現我們家有白蟻……」一進到客廳，我立刻想起了這件「霹靂」重要的事來。

結果，此話一出，非同小可，連剛洗完澡、在後面晾衣服的光媽都「騷動」起來，立刻加入我和光爸「全面搜尋蛀蟲」的行列。

「如果給它們築巢了的話，看要怎麼辦？」光媽憂心忡忡地一直嘀咕著。

「妳在唸什麼啊？根本都還沒看到什麼，就在那邊唸唸唸……」光爸邊「找」邊「氣急敗壞」地說了光媽幾句。因爲他也擔心啊，怎麼能再負荷有人在旁邊一直「加強」這份心焦呢！

沒想到……

「哇！」「天啊！」「阿彌陀佛喔……」我們三個人不約而同地叫了出來，因爲……

我們竟在小妹房裡的藏書櫃裡，發現了一個驚人的「大蟻窩」，蓋得像「星際大戰」的超級城堡一樣，不但有空中閣樓，還有四通八達的高架道路網，煞是壯觀……

而且，最恐怖的是：你知道我們怎麼發現它的嗎？

小妹有兩個藏書櫃，一個是沒有門的，放些每天幾乎都會取用的書籍、資料和小雜物什麼的；而另一個是有門的，專門放置過去學生時代的課本、畢業紀念冊等較少用到的圖書。

當我們打開這個有門的藏書櫃檢查時，所有書籍的擺設看似沒什麼異樣，可是，試著要抽取幾本書出來看的時候，竟發現每本書通通已被蛀光一半以上，甚至有一些成堆平擺的書，只有書背和最上面那本的表皮看起來是好的，剩下的完全被蛀空了。

於是，清除所有的「白蟻障眼法」之後，一個白蟻雄兵「就地取材」搭建而成的龐然建築，就這樣矗立在我們眼前，叫我們打從心裡毛了起來。

尤其，當我們用盡方法、氣力，將「固若金湯」的城堡解體，連同已如「殘花敗柳」的書抱到庭院做「處理」時，看到一大群肥滋滋的白蟻，在殺蟲劑下奮力扭動，做垂死掙扎的畫面，簡直噁心得讓我們不忍卒睹，五官都不自覺地扭成一團。

圓圓坐得遠遠地、直直地，看著忙碌的我們。

「實在有夠恐怖喔……要是整個房子的裝潢都被蛀掉了要怎麼辦？……當初花了那麼多心血整修房子，想不到……」

光媽和我在小光光房裡繼續「搜尋」時，臉色仍一陣白、一陣青地說著。

正翻著小光光放在牆角、堆放雜物的瓦楞大紙箱的我，內心也緊繃地擔心：會不會連紙箱也慘遭「淪陷」呢？

結果，還好所有房間、客廳的櫥櫃、木質牆壁或有關書、紙的部分，都翻過、敲過、動過之後，沒再有任何「驚人」的發現。

「那，天花板呢？」

光爸突然這麼一問，我立刻莫名地緊張起來。

「應該沒有吧！我昨天已經看過了，都沒有……」我急急忙忙地這樣說，就是怕會被他們發現我看到小光光的日記……

可是……

「讓他們自己去發現日記，然後看看它，不是更好嗎？……」我忽然想到。

哎！要拗也難了，已經來不及了，算了……

我眞笨喔！

「天啊！半年多沒開這櫃子，怎麼會變成這樣……而且，我還跟它睡在一起啊，我的天啊！」

邊看著「蟻屍遍野」「亂七八糟」的景況，邊按平手臂上的雞皮疙瘩的光妹，仍舊「不敢相信」地大叫。

近六點暗冷的天色，根本不相襯這屋子裡持續騷動的氣氛。

只是……

小光光呢？怎麼還沒回來？

我內心的紛擾與擔心一直還有這一項啊！

餐桌

「是不是臭氧層被破壞，氣候變了，白蟻才會連冬天也出來吃東西？還是，它們根本沒冬眠？……」

「原來白蟻很需要水和濕氣，所以小姑姑房間緊挨著浴室，才會最倒楣。是不是這樣？……」

「那它們眞的很詐吔！有可能整個家都被它們掏空了，外表却還看不出來嘍……」

「你是説，如果連書櫥、衣櫃全都用特別的木頭，像檜木、檀香木的話，蛀蟲就不會來蛀嘍……那，那些木材不是都很貴嗎？……」

「……。」

今晚餐桌上的「話題主菜」——發現白蟻，讓小光光比平常多了好多話，一家子熱烈討論的氣氛持續發燒。

但大家似乎都忘了，更該好好地討論的是：小光光，今天在學校到底發生了什麼事？

因爲……

六點鐘一過，小光光開門進來，我就發現他的樣子有點怪異，而且褲子磨破了，膝蓋也有點破皮。

「下午打球時，同學不小心撞倒我才造成的……」衆人追問之下，小光光擠出了這個答案。

「爲什麼要那麼不小心，你看看，還撞到肚子……」

「眞的不用去給醫生看嗎？還有沒有哪裡會痛？……」

他們都相信了，不疑有他……只是緊張、心疼地「小唸」了他一下而已。

飯前小姑姑還幫小光光在破皮的傷口上了藥水。

但對於他的說法，我存疑，甚至不相信。可是此刻餐桌上的談話氣氛，眞的一點都沒有「探究」這件事的餘地。

「學校最近怎麼樣？小光光。」

不料，光爸突然問出了這句話。

我看了一下小光光，他頓時沈默了下來，低頭吃著飯說：「沒事啊……我是說，還可以啊……」

「那，同學跟你相處得好不好？」光爸接著又問，完全是很正常的爺爺關心孫子的口氣。

這次小光光看了一下爺爺，似乎有點警戒什麼或懷疑什麼了。他刻意「自然」地回答爺爺：「還不錯！」之後，立刻又「自然」地問到，今天「檢查」白蟻窩查了哪些地方。

似乎在沒有聽到「天花板」這個地方後，小光光才「眞正」地自然一些、放心一些，但晚餐也就要結束。

光禹

餐桌

一溜煙，小光光又跑進了自己的房裡。

我實在有些忍不住了！

於是……

關心

「就跟你說是打球不小心撞到的啊……真的沒事啊……」小光光有點不耐煩了。

「是哪一個同學啊？怎麼那麼不小心……」我還是很注意我的口氣，希望不要給他任何壓力，或引起什麼懷疑。

他停頓了一下，沒看我。

「沒有啊……就是不小心啊……」他說，刻意地迴避了我的問題。

然後，時間又是一段空白，空氣中充滿了抗拒感。

看著小光光只是一直弄著杯中的那株幼苗，不太想說什麼話的樣子。當下，有許多滋味占據了我的心頭，說也說不出來。

天主教裡，神父接受了教友的告解，讓他們的罪惡與心事能如釋重負，但神父是絕對不能把他們的這些祕密向任何人洩露的。

而我偷看了小光光日記之後，卻感受到了比神父更複雜、更難以言喻的角色處境啊！

坦白說，這本日記喚起了我身體裡許多成長的感覺。青春的豐富、青春的孤單、青春的甜美、青春的艱難，還有青春的固執、青春的無助……這些，彷彿都還離我不太遙遠。

所以，我認同「青春，本來就該擁有自己的祕密」，也知道「青春，是生命試煉承擔力的開始」，同時我也接受「小孩世界一定有大人無法完全處理的問題」的說法，因此，我並不贊成「小孩一有任何風吹草動，大人就非得硬生生地跳入、介入」。

我深深地以爲：「在青春面前，大人仍要懂得謙虛，不能一派倚老

賣老。」

可是……現在他是我的孩子啊，我還能這麼純客觀、純理智嗎？

太難了！眞的太難了！至少那並不是一蹴可幾的境界。

但在面對「愈問爲什麼，孩子就愈沒有答案」「愈想付出關心，孩子却愈逃開躲遠」的尷尬處境時，難道父母親一直硬跟他們卯上，就會有所改變嗎？

當然不是！

那怎麼辦呢？

「好吧！有什麼問題或困難的話，別忘了還有老爸，OK？」心境一轉，我竟輕鬆地脫口說出這句話。

小光光稍微一愣之後，若有似無地點點頭。大概他覺得這好像不是我們父子好一陣子以來的談話風格吧！

於是……

「別這樣嘛……你老爸可是名作家、名節目主持人，別讓他閒著……」

我笑著補了這句。

他突然露了一下要笑不笑的嘴型，從鼻孔噴了一聲氣之後，明顯地點了點頭，順便還側頭看了我一下。

那一刻，我難得有了一點點成就感。

登門

不放過青春 光禹

晚間十點左右的電台辦公室，突然彌漫著一股混亂的氣氛，因爲紫欣登門來「造訪」了。

「爲什麼不能親自拿給光禹？……我這裡面有重要的東西，我不放心交給別人，而且，我也有要事跟他說……」

「那，沒關係啊！他去忙準備現場節目，我可以在這邊等到他一點鐘下節目啊！反正，我又不會怎麼樣……」

提著消夜和一袋東西的紫欣，硬是不聽工作人員的勸，也不管本大樓的夜間管理規定，她大剌剌地就坐在櫃枱旁的會客沙發上，不走。像尊如如不動、神聖不可侵犯的佛一樣。

「謝謝你們告訴我她沒事，我今天打了一整天的電話，一直到剛剛九點多都還找不到人，原來她跑到電台來了。」

「眞是不好意思……給你們帶來那麼多困擾……沒關係，你們現在把電話交給她吧！我來跟她說……」

花蓮的紫欣媽媽，一接到節目組長的電話之後，馬上想親自來「處理」這件事。

「不行、不行……伯母，妳不是說不要讓紫欣知道我們通過電話嗎？那，妳怎麼會知道她跑來電台，對不對？……」一旁的我立刻從組長手中接過電話來，提醒她這點。

「那現在怎麼辦呢？她又勸不聽……乾脆你們就照大樓的規定，要保全人員來，強制請她離開好了……」學輔導的紫欣媽媽，口氣中充滿了無力感，却更急著想「當機立斷」，免得繼續造成電台的困擾。

但我和組長都希望還是先別用到這麼「霹靂」的手段，以免再刺激到她什麼。只是我們自己也已方法用罄了呀！

「或者，告訴她，如果再這樣子的話，連東西都不收了，請她帶回去……」心急的紫欣爸爸也在電話中，儘可能地想著方法。

「你們放心，無論如何，組長和工作人員一定會儘快勸她先回去的。但等一下就請你們打電話給她，像我們早上電話中溝通的一樣，不露痕跡地好好跟她談談吧……」我說。

「喔？……光禹要是眞的不收東西的話，我也要他親口告訴我，而不是別的不相關的人一直跑來告訴我這個、告訴我那個。對不起，這到底是不是光禹的意思，我都不知道呢……」

没想到，依舊不聽勸的紫欣，竟變得有些激動，也更耍賴了。而且，一雙電子眼還不時地往電台的玻璃門內「掃射」著，一副想看看「光禹」是不是眞的就會「出現」了。

於是，兩分鐘之後，紫欣接到了我寫的字條：

紫欣：

工作人員一定會把妳的東西拿給我的，妳放心。麻煩妳先回去，已經很晚了。下節目之後我會打電話給妳。可不可以不要再爲難工作人員了，否則我已請他們不要收下禮物。請見諒，謝謝！

光禹

好不容易，紫欣終於在十點半時留下東西，離開了，大夥兒暫時鬆了一口氣。但同事們仍然對「傳説中」的紫欣議論紛紛。

「你確定眞的要打電話給她？她會不會愈陷愈深？」

就要下班的組長再一次提醒我。剛才寫字條時，他原先是反對我那樣寫的。

「第一、這樣她才會回去。第二，下節目打電話去時，她父母親應該已先跟她談過了，大概不會再那麼難溝通了吧？」我這樣「頗有道理」地分析著。

然而，事實上，我還是茫然的。

「再跟她講電話，好嗎？不是都跟她媽媽說好了，要完全由他們來處理了嗎？……」

上節目前，看見紫欣送來的消夜、親手鉤織的圍巾，以及營養品，另外還有一封依舊「痛陳血淚」的信。我內心的問號，不斷地冒了出來。

請求

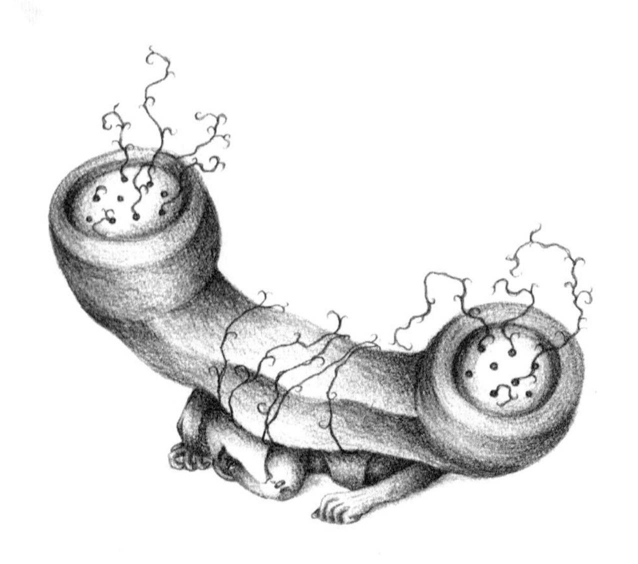

下了節目現場，總機美少女立刻轉給我一通電話，那是紫欣媽媽打來的。

她說，紫欣非常敏感，一下子就懷疑是不是有什麼人打電話到家裡亂說什麼，而且情緒很激動，在電話中就跟他們吵了起來。

紫欣說她絕對不會回花蓮，要他們明天不用「好心」來台北，接她回去過什麼週休二日。

他們告訴她：「媽媽和爺爺身體不好，需要妳照顧是事實；大家都很關心妳，不希望妳鑽牛角尖也是事實，妳到底在生氣什麼呢？有誰要害妳嗎？……」

在紫欣的情緒稍微平復之後，他們不斷地開導她、分析給她聽，也告訴她何苦一定非得要跟公眾人物談戀愛呢？

然而，紫欣仍是非常的固執，她說：「光禹不是一般的公眾人物，

他自己說他只是一個普通人，那『男未婚，女未嫁』，誰規定我不能跟他談戀愛的？」

還說，除非她跟我說清楚了，要不然她是永遠不會放棄的。

「所以……我們可不可以麻煩你，勉爲其難地再最後一次跟她談一下，告訴她，你們之間根本是不可能的，好不好？讓她完全地死了這條心吧……」

紫欣媽媽的聲音有點喘，感覺她眞的是在心力交瘁的情況下，才會提出這樣的請求。

我告訴她，我了解他們現在無計可施的心情，我也會打電話給紫欣，但我和紫欣之間眞的沒有什麼好講清楚的。

「不過就是聽衆和主持人、讀者和作者，在空中、書中交心這樣的關係而已啊……」我說。

「可是，我是說，難道……你們眞的連一次面都沒見過嗎？」紫欣媽媽突然這樣問。

我頓時聽了有點錯愕，很想帶點情緒地回答她：「早上已經說過了，不是嗎？妳現在這樣問是什麼意思？」但我還是只有很冷靜地說：「絕對沒有！」

紫欣媽媽好像立刻自我察覺了似地，頻頻道歉。

她說她並不是在懷疑我，而是她眞的不明瞭，自己的女兒爲什麼可以對一個從來沒見過面的人，這樣瘋狂地投入。

「哎！不知道是不是她唸大學和畢業後的這八、九年來，都一直是自己住外面……而我們給她的關心和愛也都不夠，她才會變得這麼偏執的……」紫欣媽媽不自覺地又自責起來。

這使我發自內心地想盡這最後的努力，再勸紫欣一次。

有理

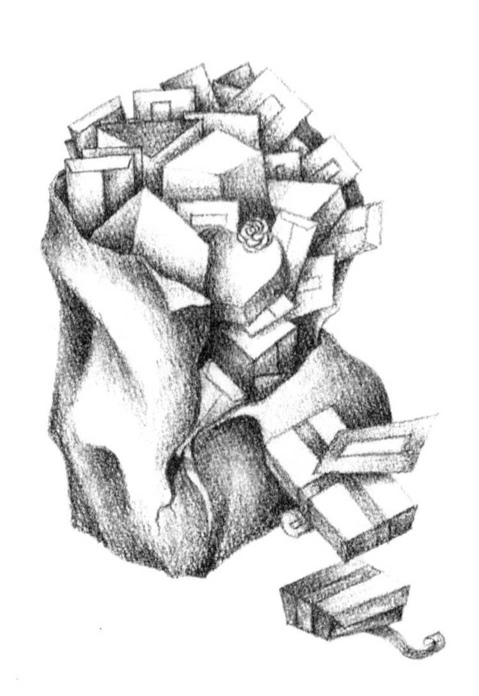

掛了紫欣媽媽的電話，我立刻打給了紫欣。

起初，電話那頭的她，完全不回應我所有的問候和言語，只是一直起伏地呼吸著，像極了和情侶吵過架之後，在嘔氣，不想說話。

當我故意表示沒事就要掛電話時，她突然激憤了起來。

「你說，你是不是打電話到我家？……我已經告訴過你，叫你不要告訴我爸媽這件事了，爲什麼你還要說？……你就是要我去死的，對不對？……」

由於她的聲音和口氣都是用「爆出來」的，我一下子愣住了。

「紫欣……請妳先告訴我，如果妳的朋友要自殺，而妳也已幫過、勸過了，都沒用，那妳會不會告訴他家人要多注意他、幫助他，還是妳會袖手旁觀、不聞不問呢？……」

我整理了情緒之後，說著。但並沒有直接回答「我有沒有告訴她家人」的問題。

紫欣還是只有呼吸聲，不回答我，但也沒再繼續追問到底是不是我說的……

當我想乘機直接切入今天打這通電話的主題時，她轉而用一種非常可憐的聲音問我：「光禹，那……我們眞的是朋友嗎？……」

我一聽，又愣了一下。

「是啊……我們是空中的朋友啊……」我說。

「哎呀……我不要做什麼空中的朋友啦，我跟你說過了嘛……」

「瞬間」變成驕縱要賴的小女人聲音，從話筒那端傳了過來，鑽進了我的耳朵，讓我不知該怎麼接話下去。

「妳又來了！……」我在心裡叫著。

「你告訴我，你是不是不喜歡我？討厭我？嫌我長得醜？……要不

然，你爲什麼一直都不跟我見面呢？……爲什麼啦？……」繼續嬌嗔的聲音追問著我。

「妳怎麼會這樣問呢？家族朋友從不會這樣逼迫我要見面的……」我「很冷靜」地只回答了我想回答的部分，因爲我知道，其他的問題一碰就會沒完沒了的。

「哎喲……你不要再搬出一堆什麼家族朋友來當擋箭牌，我聽不懂啦……我問的只是我們兩個人之間的事而已，你爲什麼老是扯那些有的沒有的人出來幹什麼？……」

這回，紫欣的聲音又變得更肆無忌憚、更順理成章的黏溚溚了。

「紫欣，拜託妳不要這樣，好不好？妳再這樣的話，我們就不要再講電話了……」我實在受不了了，脫口而出的話中已有了情緒。

「那你到底要我怎樣嘛，我又沒怎樣啊？……」

話筒中一下子又變成了「故做迷糊」的十五歲少女，「天眞無知」地反問著我，我簡直……

於是，我呼了一口氣，定了定情緒，用「更冷靜」的態度告訴她：「紫欣，妳可不可以清醒一點？我們雖然在廣播裡、在書中，有那麼多深刻的交集和共鳴，可是，我並不是妳身旁的同事、同學和朋友，我們更不是男女朋友……」

「那你爲什麼不試試看呢？」她搶了我的話。

「試什麼呢？我們本來的關係就是這樣啊！」我立刻反問她。

「那可以改變的啊……你可以讓我跟你見面，成爲你生活上的朋友，天天關心你、照顧你啊！我根本不會害你的……我只是想跟你在一起，一輩子照顧你而已，你爲什麼老是要拿作家和讀者、主持人和聽衆的關係來敷衍我呢？……你爲什麼不試試嘛？」紫欣一長串地回了我的話，口氣仍舊黏膩。

「紫欣，我絕對沒有敷衍妳，我眞的不需要妳照顧一輩子，也不想和妳見面……我所說的都是我心裡所想的……妳想想看，如果我眞的要敷衍妳的話，我可以一直給妳模稜兩可的答案和說法呀，讓妳一直存有希望和期待，然後再利用妳對我的遐想和感情，不是嗎？……可是，我不要這樣子……所以，我才一再地明白告訴妳，不要妳這樣愈來愈不理智、愈陷愈深……」

這次，我自認已儘可能在直接和婉轉中找到最好的方式，用最誠懇的態度解釋了。

話筒中沒有了任何反應，也沒有呼吸聲。

「雖然，我知道……」我繼續說：「妳是很好的家族朋友，我對妳很感謝，就像感謝其他很多很好的家族朋友一樣，因爲，沒有你們的支持鼓勵，我不會走到今天。可是……如果妳再這樣跳不出來，妳會讓我覺得妳聽我的廣播、看我的書，不但没有成長，反而是害了妳。那，我會希望妳不如不要再聽我的節目、再看我的書了，否則我等於是在繼續害妳，而且愈害愈多……」

没想到，我話還没説完，紫欣忽然大吼了一聲：「你在跩什麼啊？你……」

她的聲音比剛剛前面那高分貝的激憤更「勁爆」，而且，吼完之後，急促起伏的呼吸聲，也比剛剛的更「嚇人」！

我感覺非常錯愕，她怎麼會説出這樣的話來？

「我没有跩什麼啊？我剛剛話中的意思有很跩嗎？我不懂？……」

我馬上直覺反射地問她，但我仍注意了自己的口氣。

紫欣的呼吸聲繼續起起伏伏地，還發著抖。

爲了不讓時間空白，讓她「錯覺」我已詞窮，或者說讓這氣氛眞的太像是「情侶」在爭執時的「空檔」，我隨即開口接著說：「紫欣，我們有各自不同的生活圈……」可是，才講到這裡……

「你到底在跩什麼？……」她用更高的分貝、更激憤的情緒，止住了我的話，而且呼吸聲更加入了「委屈到了極點」的哭腔。

我又是一陣錯愕。

「你告訴我，你到底在跩什麼的？……」她第三度地咆哮了出來，到達了悲憤最高點。

我眞的不知該怎麼回應她了，一肚子火。

「你滿嘴仁義道德，一直告訴大家要惜緣、要惜緣，你惜到哪裡去了？你說啊……」她激動地指責我。

「難道像妳這樣的方式才叫惜緣嗎？……惜緣不是硬逼對方談戀

愛，硬逼對方見面、交朋友才叫惜緣，對吧？」我終於動了氣，大聲地斥喝她。

「你看你，你到底在跩什麼啊？我不懂吔……」

紫欣第四次這樣咆哮了出來，我眞想吐血……

我知道今天的勸說是完完全全無效了。

「好，沒關係，就當我是很跩、很不可理喻的人好了！我們就說到這裡爲止，以後就不要再理我，OK？再見……」

當我就這樣「假藉氣憤」地要掛上電話時，一陣淒厲的哭喊聲從話筒那端「衝」了過來：

「你不要掛電話,你不要掛電話,你掛電話的話我馬上死給你看……光禹，你不要掛電話，我眞的會去死的……嗚……我眞的會去死的……你不要掛電話……我不相信你眞的會要我去死……我眞的會去死的……

嗚嗚嗚……你不要掛電話嘛……」

本來一直在一旁邊整理節目之後的資料、邊聽著我和紫欣對話的工作人員，聽到我按成免持聽筒後的電話裡，傳出了紫欣慘絕人寰的哭號聲，當場瞠目結舌，驚訝得不敢相信「怎麼會這樣……」

同樣很氣、卻也「不忍心」眞的在對方哭得要死要活的情況下，就「代我」按掉這通電話的工作人員，於是「自告奮勇」地接起了電話。本想幫我「快刀斬亂麻」地很快結束這電話的，沒想到……

經歷了客氣、果決、爭執、動怒，工作人員又把電話交給了我，說：「她罵我……她說我是你的什麼人，她不想跟我講話，她只想再跟你講兩分鐘就結束了……」

看著工作人員氣得一臉大便(對不起，這樣形容，實在太不衛生了，但卻沒有比這更貼切了)，口中還喃喃地罵著：「眞是人善被人欺、馬善

被人騎啊……哎！無論如何……你這次一定要狠一點，很快就給她結束電話，不要再理她……氣死我了，她根本說不通嘛！」

於是……我一股作氣地接起電話來。

「爲什麼要讓電台的人都知道我們的事？你是不是把我的信、我的照片，全部給他們看了，讓他們來看我笑話，你究竟想把我怎樣？……」

一陣大砲又轟然向我襲來。

我除了站穩「立場」、精簡地駁斥之外，心中莫不以「結束電話」爲最高指導原則，可是……

我還是掛不上電話，因爲……

紫欣呼天搶地、不掛電話的哀號，一次比一次淒慘啊！

「等一下嘛，還有最後一件事而已，你都不讓我講完……沒想到你會絕情到這種地步……」

「求求你，我只要再三分鐘而已……你不要逼我去死。我一個人住外面，要死很容易的……」

「……。」

在這來來回回中，她不是激動地控訴：

「我把户口名簿影本、健康體檢表……一切一切都寄給你了，難道誠意還不夠嗎？爲什麼你對別人就比對我好？……」

「不用，我精神沒有問題，誰都沒資格說聽衆不能跟主持人談戀愛……」

「我才沒有活在夢幻中把你美化，我說過就算你缺一條腿、嘴歪眼斜我都會愛你……」

要不就是像個乞憐的「小甜甜」：

「光禹，有一天你會不會來找我？我帶你去花蓮玩，好不好？……」

「光禹，你也去健康檢查嘛，人家眞的很關心你的身體嘛……」

「光禹，你有什麼難過的事嘛，爲什麼都不跟我分享呢？我會比別人加倍地關心你、幫助你的……」

當然，還有更多更多、一再重複的「有理說不清」「莫名其妙」和「你敢掛電話試試看」……

最後，我只有心一橫，硬按掉電話了。

没想到咖啡有續杯、馬有續騎，而我……

竟然也就這樣被「騎」了三次，總共花了一個多小時，眞是有夠窩囊、豬頭的……

「我大概知道她爲什麼不願意讓家人知道，或者讓你以外的人知道她『所作所爲』的理由了……因爲，我猜想她也明知自己是在無理取鬧，她當然不希望被人知道，這樣她比較好單獨利用你人性上的弱點，好得寸進尺……否則二十六、七歲，大學畢業了，怎麼可能這樣呢……」同事提出了自己的看法。

然而，已癱在椅子上有點虛脫的我，只是想趕快把自己的豬頭換掉。

惜緣

光禹：

收信平安，好久沒來信了！

最近因爲太忙、太累了，常在家族片頭曲聲中就給它變成「睡美人」了，眞是抱歉。

然而，今晚却不只將節目從頭到尾聽完了，還因爲一時之間好多感覺迴盪在心中，一點睡意也沒有，索性就下床來給你寫個小信兒。

今晚聽見好幾個家族朋友分別提到自己未來最大的夢想是：「希望可以優秀到被光禹訪問」「要努力成爲廣播人，將來成爲光禹的同事」。甚至有個單親媽媽說：「我孩子現在才幼稚園，希望光禹至少能陪他到大學畢業……」

我看你笑得合不攏嘴，直說大家都太抬舉你了，好像都刻意忽略你一堆缺點一樣，但你說你只有跟大家繼續努力，一起愈來愈好。

我眞的爲你感到高興，因爲你的名字從一個單純的名詞，變成了許多人生命中的動詞，這是一份多麼大的福報啊！

其實，從四年前開始接觸你的廣播節目和你的書到現在，我常不經意地會試著去分析自己，爲什麼會習慣有你這個「藏鏡人」相伴。今晚，我又具體地感受到了一個原因，那就是：

你對人所抱持的態度，以及家族朋友對你的態度，總是充滿了善意和期待，讓人有一種很親近、很實在的互動感覺。

從事國中教學已五年了，看了很多輔導教育的報告，也親自「下海」努力陪那些成長有阻礙的孩子愈過愈好，我眞的非常贊成：「人與人之間能相互傾聽、願意分享，往往比可以代爲解決問題，來得更重要」的看法。

我相信：人，都不完美，但只要心有善意和期待，對別人、也對自

己，這樣社會就會更好。

所以，你是幸福的，大家如此尊重和喜歡你過平凡人生活的堅持；而做爲橋樑的角色，你也親近了許多人的內心，彼此激發了自我成長的力量。這是何等珍貴啊！

想想自己：四年來，我的外在也許沒太大改變，但內心已不太一樣了。我每天像喝了雞精一樣，充滿能量地與我的學生和親近的家人、同事互動著，彷彿我也在主持自己的「夜光家族」。

不過，這一切雖是你的觸發，但卻是我每天辛苦「做牛做馬」換來的。所以，功勞只能分你這個隱形的朋友「百分之二十」而已⋯⋯

別難過啊，明年再給你加百分之二的利息，OK？哈哈哈！

雖然從沒打電話進現場和你講話，但如果要我和打電話進去的人一樣，說到自己未來的夢想的話，我肯定會加上一條，那就是：「我希望

將來有機會教到光禹的孩子」。

不過，你可別期望我會對他「特別禮遇」喔！因爲，只要他不說他的爸爸是光禹，我怎麼會知道他是你兒子呢，對不對？……

再說，我對學生的愛和關心，一向可都是一視同仁的，就像你對「家族朋友」一樣，不是嗎？

祝福你這個像住在國外、不能見面，卻又像住在心裡、天天和我打照面的朋友。

晚安！下次再敍！

勉強還算美少女的絲瓜露上

PS.我還是不想留下地址給你吔，因爲人家還不想那麼早結婚嘛！

嘻嘻，幽默吧！誰讓我是跟你學的，呀比！

被紫欣折騰過後，回到家，洗完澡，已是半夜三點多。

我在房裡看著今晚從電台帶回的信件。

睡在桌下軟墊上的圓圓，被我的脚溫柔地「踏弄」著。圓圓的體溫，透過我的脚底，伴隨著一封封信件的溫度，交會成我心頭的熱熱暖意。尤其是絲瓜露的這封信，讓我根本忘了稍早「豬頭遇到兵」的筋疲力盡。

其實，坦白說，成爲許多人空中、書中陪伴的朋友多年下來，我有時會有自己好像做了那麼一點像樣的事的感覺，但有時又好像自己根本什麼都不是的感覺。

因爲，聽友、讀友握有了第一線的「緣分」主控權，只要因爲不對味、不爽、膩了……等等各種不同的理由，把收音機關掉、轉走，或把書扔在一旁，我就什麼都不是了。

而且，我又不像大家身邊的親人、朋友那般，每天實在相處，愛恨那麼直接，所以……

這樣的緣分，講得殘酷一點，吹口氣就散掉了。

那麼，我還一直這樣抱著不願做「影像公衆人物」的堅持，不就很「不識相」，也會阻礙了這樣已很輕浮的緣分交流，而感覺很不惜緣嗎？

然而，謝天謝地的是，家族朋友給我的回應却不是這樣的。

否則，相對地，握有「不留地址、保持神祕」主控權的絲瓜露老師，就不會讓我也覺得她眞是個惜緣的人了，不是嗎？

有個媒體朋友曾好奇又打趣地隨口問我說：「喂！哪天要是有人開出兩千萬價碼，請你曝光辦活動、演講什麼的，你會不會去啊？……兩千萬吔，曝光一次，就可以吃一輩子了呢……」

我把這個問題回去說給家人聽，立刻換來一陣嘲諷：「你值兩千萬？誰頭殼壞了？……」

不過，如果那是眞的，那麼家人的看法，都和我一樣，那就是：仍會堅決地婉拒。因爲……

「舞台前的人，眞的不是那麼容易當的，他們絕對犧牲了很多東西……我們還是過平常、普通的生活，比較自在吧！」光媽這樣說。

所以，我一路堅持，也一路感謝……

感謝「珍惜緣分」是一種「心」的活動，讓這麼多年下來，許多朋友透過文字與廣播，「用心」看我、聽我，接受了我的好與不好，讓這相

伴成長的緣分一直在滋長……

這部分的功勞，我要給聽友、讀友百分之八十，但沒有利息了。因爲剩下那百分之二十，看在我每天都很努力工作、也親自看閱每封來信的份上，就都留給我吧！

然而，紫欣對我「無情無義」「又跩、又不惜緣、又沒誠意」的指控，我幹嘛還要一再地跟她解釋呢？不是自己站得住脚就不必理會她，省得麻煩，不是嗎？

也許，那是因爲我以爲「溝通」就一定會有效果吧！

曾經有一個聽衆打電話到節目中，訴說著關於當天主題、自己「非

常」悲慘的境遇。

我愈聽、愈悶、愈覺得他好像有「呼嚨」大家之嫌，而且，連工作人員也都這樣覺得。

於是，我在音樂中私下「技巧」地留了他的電話，說我會再回電話給他。

下了節目後，我打去「認眞」地詢問要如何幫助他，又如何如何時，果然，他不得不承認自己的確是在「呼嚨」大家的。

「你這主持人也眞莫名其妙，幹嘛要這樣追根究柢嘛？實在有夠無聊的……」

十八歲的他惱羞成怒地對我說。

「因爲，我希望你可以常打電話進來，讓大家在空中交你這個朋友，而不用每一次都要再換名字、編故事，像打游擊戰一樣？更何況，我是

私下告訴你的，並不是在廣播當場，不是嗎？」我說。

「誰稀罕你這個爛節目？我下次才懶得再打電話進來……」他生氣地說。

我很平和地對他說：「你不打來這個節目沒關係，但我也不希望你對別的電台、別的節目也是同樣做法，因爲……」

我話還沒說完，對方的電話「啪！」地一聲，就掛上了。

「這位先生，你太勇敢、太認眞了吧？」當時，一旁的同事爲我捏了把冷汗。

沒辦法，我就是「忍不住」地想藉機和他溝通觀念，而且以爲「平和理性」的溝通一定會有效的。

只是，哎……

人，還眞的是差很多的，有的人可以相互了解，有的人卻總是相互對立；有的人可以一點就通，有的卻……

眞是千奇百怪的緣啊！

多麼希望我有一支魔棒，一支能把紫欣立刻變成絲瓜露老師，或像其他那麼理性又感性地與我成長的聽友、讀友的魔棒，讓她對我的緣分，可不可以不這麼「強我所難」，這麼……

忽然，脚下的圓圓，起身打了個哈欠……

「眞睏啊，沒想到睡個覺，却被兩隻脚丫子在那邊一直騷擾個不停，一身老骨頭都快被弄散了……還是回到客廳沙發一個人睡好了！」

看著圓圓走出房門尋找「不被騷擾的自由」的背影，我彷彿聽見牠心裡是這樣說的。

但願此刻的紫欣已眞正想通，願意尊重緣分的空間，也給自己內心自由。

否則……我眞的、眞的再也不會回應她了。

而且，雖然很殘忍，但她以後寄來的信和禮物，我也打算全部退回去，好讓她徹底醒悟。

反常

「要不要明天換成我去接你下課？」晚餐桌上，我這樣問著小光光。

「不用啦！」他直接拒絕了我。

我立刻厚著臉皮繼續說：「我可以順便跟你在學校打打籃球啊……」「籃球場一定沒有位子的，你睡覺就好啦……」這次的他拒絕得更是徹底。

其實，從那天「關心」的談話後的這一個禮拜來，我一直在期待小光光會願意跟我或跟家人談他在學校發生了什麼事，可是，他一直沒有。他仍是一副話少又心事重重的樣子，至少我這樣覺得。

不過，他卻反常地同意光爸每天騎著摩托車去載他回家。這使我很驚訝。

「他是不是被『豪強二人組』逼得走投無路了，需要個靠山？」我

不得不跟他的日記做了聯想。

「就是接他回來而已啊，沒有怎樣啊……要不然有什麼事嗎？」光爸面對我私下有點神經質地詢問他去學校接小光光的狀況時，他覺得有點莫名其妙。

「沒事就好……」我只好裝作若無其事。

坦白說，要不是光爸這個禮拜每天都在家，讓我無機可趁，要不然，我眞想再爬上天花板去……

而明天光爸又要下南部了，沒想到我提出接替光爸去接他下課，他却硬是拒絕了。

「究竟是怎麼回事？」我只好又是瞎猜著。

而同樣這個禮拜以來，紫欣居然也沒寄來一封信、一張傳眞，更沒有任何動靜，一切平靜得很是反常。

連紫欣媽媽打電話來電台詢問狀況後，也有點半信半疑。

「硬帶她回花蓮過週休二日當中，我們又再跟她講很多，叫她要尊重別人的意願和自由，可是她還是很固執，而且大發雷霆，把我氣得心臟病差點又發作呢！」紫欣媽媽說。

「她爸已幫她在花蓮這邊找到工作，要她台北的工作做到一月底就結束回來……她當然不肯，可是，我們非常堅持。一來，我們眞的需要她回來；二來，既然她內在無法一時改變，那就先從外在環境的跳離改變起吧……」

她說，吵過之後，紫欣還是一直問她：「光禹跟你說了些什麼？」「妳覺得他人怎麼樣，好不好？……」「我覺得我的選擇並沒有錯……」那種無法自拔的甜蜜樣子，她實在無法形容。

「所以，以後萬一有什麼事非連絡的話，我也不應該再跟她承認我跟你有講電話什麼的，或者完全就讓組長來聯繫就好，免得讓她又覺得這是她和你親近的另類管道就糟了……」

「而且，我們也贊成，要是她仍然很瘋狂的話，爲了她好，信件和禮物還是都退回來給她好了……」

學輔導的紫欣媽媽，積極、周全的思路和態度，讓我眞是打從心底佩服，不過……

「還是，你乾脆發布假新聞說你結婚了，讓她死了這條心吧……」

想「斧底抽薪」的紫欣媽媽突發奇想地建議。

我一聽，啊？——爲了一棵樹，就要失去一片森林，這……這不等於「自宮」嗎？

這招也未免下得太猛、太綜藝版了吧！

不、不、不……這萬萬不可啊！會要人命的……

「我們還是只要看著辦就好了，別愈搞事情愈大條啊！」我笑笑地向話一出口也覺得不妥的紫欣媽媽說著。

挖寶

「圓圓……你在挖什麼？……過來……」

下午三點多一進門，圓圓才跑出來一下子，確定是我回來之後，一溜煙就又跑進屋子後面，對著牆角的柱子又挖又抓的。

由於「唰！唰！唰！唰！」的聲響愈來愈大聲、愈來愈激烈，讓坐在客廳看著晚報的我分了心。聽到後，便立刻大聲地斥責牠。

「過來，你要把它『抓』壞，是不是？……來，叫媽媽看看，看有沒有抓壞……」

雖然光媽像是外出買東西了，我還是故意這樣告訴牠，好讓牠馬上停止動作。可是……

圓圓根本不理我，還是挖得起勁。

其實，圓圓從小就一直很喜歡對著浴室牆角又挖又抓的，像在挖寶一樣。雖然，磁磚牆壁裡分明沒有什麼東西！

後來，當我們判斷出，原來牠是利用這樣的機會在磨牠的爪子時，我們總愛看牠既賣力又可愛的「挖寶」模樣。甚至，還會在一旁取笑牠：「哇！沒有了！金銀財寶早就被挖光啦喔……」「圓圓加油、圓圓加油，還不夠賣力喔……」

不過……

「等一下、等一下……牠現在挖得不就是餐廳的木頭柱子嗎？那會不會……」

我忽然警覺地跳了起來，放下報紙，快步向餐廳衝去，一看……

「哎呀……完了，完了！」我叫了出來。

牆角的柱子已被抓得面目全非，現場木頭屑片散了一地。

圓圓已閃到一邊，遠遠地看著生氣的我，像犯了錯的小孩，又像不關牠的事一樣。

可是……更驚人的發現竟然是：這的確不太關牠的事啊！因爲……柱子的下方，早已被白蟻蛀空了一截了！

「哎呀……完了，完了……」這次，我是叫給全身寒毛站立的自己，和可惡的白蟻聽的。

於是，我又像如臨大敵般地拿著殺蟲劑，伸進柱子中的「蟻道」，強力噴射著，還邊叫圓圓：「走開一點，你要吸殺蟲劑嗎？……」

「不是才把蟻窩處理完一個多禮拜而已嗎？怎麼會這麼快又有了，還是餘蟲移位了？……可是，這不是防蟲的檜木柱子嗎？天啊！那會不會……」

我內心眞是愈想愈慌，急得想大叫：「來人啊！快點來人啊！……」

圓圓一動也不動地看我噴完殺蟲劑之後，又忙著要開始「挨家挨户」東敲敲、西敲敲地檢查。牠側了一下頭，好像覺得：「咦？錯的是我，

你敲木頭幹嘛？」

而當我挪動到小光光房間牆角、那個堆放雜物的瓦楞紙箱時，已很緊繃的心突然被「啪！」地一聲，嚇了一大跳！

「什麼東西掉下來了？」

我定神一看，原來……

我發現的不是白蟻，而是小光光的日記。

這次它被夾在紙箱和牆角的縫隙。

心疼

放學先拿東西還給老師，最後却變成他和我、建鈞三個一起走。豪強二人組遠遠地偷偷向我比中指。

……

小美今天很不開心，她叫我和建鈞不要跟她走太近，因爲她是個倒楣人物。

她不講原因，但我知道。

不是妳的錯嘛！小美。

好人沒錯，却自責錯了；壞人錯了，却囂張沒錯。

公平嗎？

……

◆

今天改用黑色筆，寫下黑色的今天。

阿豪順便把下午被老師罵的氣，一起算在我頭上。

只是沒想到他們來陰的。

放學時，和建鈞走在路上，一堆人從後面跑來把我撞倒，趁亂又踢了我肚子。

我書包裡的書還散了一地。

沒人敢說什麼，因爲他們又已說對不起了，笑裡藏刀的不小心。

坐在公車裡，才感覺膝蓋和肚子痛。還好當時陪我一起走的建鈞一點都沒怎樣。

他很難過，問我：「告訴老師吧……」

我反問他：「你覺得呢？」

他沒說。

我是駱駝？還是鴕鳥！

……

而小美也不知怎麼了，她喜歡中長髮，今天却把它剪了。

她還是不開心，不想說話。

小琪到處宣傳，說她上體育課時哭了，在廁所。

爲什麼呢？

大家都不快樂，却誰都沒辦法說出來。

……

還有，眞是嚇死人的白蟻，讓人察覺不到它們的存在，却已蓋了個超大的祕密基地，好像電影MIB裡的外星蟲族。

……

PS.他們好像沒發現日記，但還是要給你換個地方，OK？

……

……

雖然是爺爺自己要來的，但他長得像黑社會老大的樣子，比老爸那書生樣稱頭多了。

不過，阿豪今天一整天卻沒怎樣，只有每次迎面走過時都不看我，比中指而已。

我知道不可以，但我還是在心中也跟他比了中指。

誰叫他今天又對小伍耍陰險，說：「我可是叫你『紙張』，而不是『智障』喔，你別搞錯啊！紙張、紙張、紙張……」

眞的比白蟻還可惡。

……

今天，她有點想哭，只問我說還好嗎？她聽建鈞說了。

她很差的心情，似乎又更差了。

我自責了。

一月的冬天一定要這樣的氣氛嗎？

……

◆

……

原來小周學長的爸爸在大陸做生意，不常回來，他只跟爺爺住。

簡短的敍述，不代表是簡單故事，我覺得。

我忽然想起婆婆。

很久了，沒這麼想……

我眞的很想當老師，又想當柯南，把每個學生undertable的苦一一承擔、一一查清楚。（undertable，指枱面下）

但就算最好的老師、最好的偵探，誰能？

難道，他們自己沒有苦嗎？都很快樂嗎？……

……

小美，我有多少快樂，我會全都給妳，換妳的悶悶不樂。

沒關係，我消化快、承擔力強，建鈞說他很佩服我的……

明天，妳會跟我說話嗎？

……

◆

小光光：

考慮很久，還是決定告訴你，最近的我，怎麼一回事。

因爲，好不容易經過快一個星期，我的情緒才稍稍平靜。而且，我怕，也許我們很快就要說再見也說不定……

做壁報那晚，你被阿豪逼到牆角的事，讓我在回家路上的心情，一直好不起來。

下了公車走回家的路上，我竟然沒有注意到，自己已被一個來回我身邊好幾次、看起來像是在找路的機車男子給盯上了。

直到一段兩旁較多無人居住的平房巷弄時，他把車停在我前面，像要下車來問路。我看了他一眼，才發覺有點不對勁。

我立刻回頭想跑，但已經來不及了。沒幾秒鐘，才一個箭步他就用手勒住了我的脖子，力量大得我快喘不過氣來，連叫聲都像隻病貓。

我用盡全力拚命掙扎，還和他在地上扭扯翻滾。可是我眞的無法和一個一百七十幾公分、發了瘋的惡魔對抗啊！

他一直想盡辦法要摸我的下體，可是，由於我內外都穿著緊身和厚重的衛生衣褲吧！他一直不能得逞。

我忘了到底向他說了多少次的「求求你不要！」「求求你饒了我……」可是他完全無動於衷。也許他覺得我孱弱的聲音，在這門戶緊閉的冬夜裡，根本沒人會聽見吧！

當時，我在腦中閃過一個念頭：「天啊！如果我死了，那媽媽要怎麼辦？」

忽然，遠方傳來機車要騎來的聲音，他才將我放手一推，匆匆忙忙地騎車走了。

我忍著驚慌和顫抖，連爬帶跑地站了起來，往還剩五十公尺的家奔去。

那晚休假在家、來開門的媽媽，看我一身狼狽的模樣，直問我發生了什麼事？驚嚇過度的我，一個字也吐不出來，全身不停地抖著。

等喝了一杯熱水之後，我才結結巴巴地說出怎麼一回事。

你知道嗎？我已經很久很久沒有被媽媽抱在懷中了。當場媽媽抱著我嚎啕大哭，我只是一直抖著，不知是冷，還是害怕。

媽媽看著我手腕上和其他地方的瘀傷，口中一直哭喊著：「我的寶貝啊，媽媽心疼……我的寶貝啊，媽媽心疼……」

後來，雖然報了警，可是因爲沒能抄下車牌號碼，能不能抓到那個人，我們母女都不抱太大希望。

隔天，媽媽本不想讓我上課的，但我堅持要去，因爲，我不想讓同學起疑，在那邊亂猜。而且，還好冬天衣服穿得比較多，瘀傷的部分看不出來，所以，我沒有請假。

只是那天回來，我把頭髮剪了，以防那個歹徒萬一認出我來。

這兩天，媽媽都到公車站牌接我回家。之所以不讓她到學校來接我，因爲，我不要她再去遭受同學的指指點點。媽已爲我眞的承受夠多了，沒想到，我竟然還碰到這樣在生死邊緣掙扎的遭遇，讓她這幾天一下老了許多。

她提議搬家，好不好？我說我不知道。

也許搬家之後，我也將會換學校吧！但一切還沒決定。

那天體育課，遠遠地看著你打球，我忽然難過了起來……

……

對不起，現在還是很難過，寫不下去了。

我希望，我們都能好好珍重，爲我們所愛的人，和愛我們的人。也請你爲我保存這份祕密吧！永遠。

小美

日記，請你告訴我：爲什麼每個人往往都沒辦法眞正爲對方分擔，只能爲她流淚、心碎。

日記，今晚我眞的什麼也寫下去了。

我能不能變成一隻獅子，現在。

……

◆

讓我學做一片海洋吧　讓心啓航

縱然常有雨驟風狂

我也能給她無數的溫柔海港

她不必流浪　她不用飛翔

我的海洋　就是天堂

我能學做一片海洋嗎？日記。

看到這裡，我竟然沒辦法再繼續把後面的幾篇看完，因爲……

我實在太激動了。

我放下日記，呼了一口氣。熱熱的眼眶，像快載不動就要奔流的心疼……

我心疼小美、也心疼我的孩子、我心疼一切爲什麼會那麼殘酷，不放過青春。

忽然，圓圓狂叫了兩聲，從我腳下跑向客廳。

「有人要進門了……」

我慌亂地從情緒中跳了起來，機警地立刻把小光光的日記一闔，把紙箱一推，再把日記塞入牆隙……

而就在我踏出小光光的房門，跨到餐廳柱子時，大門「啪！」地一聲，開了。

心虛

看到滿地的木屑和殘破不堪的柱脚，以及我「驚魂未定」的表情，買東西回來的光媽嚇得目瞪口呆，直叫：「連這檜木柱子都有蛀蟲了，那我看，其他地方都危險了……」

「其他地方，你有沒有再檢查？……」光媽激動地詢問。

「還沒，我才剛回來……」我回答得很心虛。

於是，光媽二話不說，馬上就準備好要「不入虎穴，焉得虎子」了。

沒五分鐘之後，隔天就要第一天期末考的小光光也回家了。

「上面沒有嗎？……」我在工作梯下方「自然」地問著。

「沒有，什麼也沒有……」頭已伸進天花板的小光光，也一派「自然」地回答著。

可是，事實上大家都有著不同方式的「心虛」和「不自然」。

就像小光光一回來，一聽說「蟲害」又起，立刻進房放了書包、物品之後，和我們當場「自然」地檢查他的房間——包括那個瓦楞紙箱的牆角縫隙——當然，那裡一定沒有什麼「日記」了。

「幸好，其他地方沒再發現白蟻……」

「會不會這柱子上次就被蛀空了，只是這次才發現？……不過檜木柱子應該不會呀……」

電話那頭的光爸，跟我們一樣，也充滿了不可思議。

就這樣，晚餐後，在匆忙與心虛的狀況下，我帶著未消化的胃，和關於「日記」裡未及消化的情緒，去電台了。

蹺家

一到電台，組長立刻告訴了我一個霹靂的消息——紫欣失蹤一天一夜了。

他說：「三分鐘前，我才剛跟紫欣媽媽講完電話而已。」

紫欣媽媽說，昨晚十點鐘，紫欣打電話給她已嫁人的姊姊，喃喃自語地說她愛上了一個不該愛的人，心情很痛苦，她很想去死。

勸完、掛上電話之後的姊姊，愈想愈不對，睡前十一點多再打給紫欣的時候，電話就再也沒有人接了。

而今天紫欣沒請假，也沒去上班，一直到剛剛，既沒回她自己住的地方、也沒再給誰任何一通電話，紫欣爸媽和姊姊都很著急，不知道怎麼辦才好。

「紫欣的爸媽說，看可不可以麻煩你在今天的節目中，勸她趕快回家，家人都在找她。媽媽的心臟病都快發作了……因爲，他們相信她今

天應該還是會聽你的節目的……」組長說。

「她不是這一陣子都沒再寫信、傳眞，也沒再寄什麼東西了嗎？她怎麼還是這樣？」我鐵青著臉，滿腦子沈重與不解。

雖然今晚並沒有地震，可是我却感覺這棟大樓好像有點輕輕地晃著，彷彿地震隨時會來的樣子。

十點半左右，一個剛從外面進來的工作人員，說他在樓下騎樓的柱子旁，看見有個「戴著耳機」「行跡可疑」的女生，對每個要進大樓的男生，都「神色怪異」地打量著……

「沒錯啊！她就是上次來的那個紫欣，我看過的……」他說。

勸說

「小姐，妳在這邊等誰？……」

門口櫃枱的警衛，接到組長「提醒」「注意」的電話後，便「熱心」地走出去「探望」一下紫欣。

沒想到，話才一出口，已有點「防衛」「逃避」的紫欣，立刻白了他一眼，然後，便快步換到另一個柱子旁的騎樓下，假裝沒事、也像「干你屁事」的樣子。

「小姐……小姐……」

當一位工作人員也下樓想接近她、告訴她：「別再『蹺家』了，家人現在都很著急……」時，紫欣更像躲色情變態狂一樣地，跑步繞去別的地方，根本不讓他有任何開口的機會。

而等到工作人員離去後，她又回到騎樓下「踱步」了。

「下次，我絕不幹這種事了，萬一她告我性騷擾怎麼辦？」工作人員打趣地說，却也很無奈。

「她到底要幹嘛？怎麼還是勸不聽呢？……」

已被告知女兒去向的紫欣爸媽，依舊憂心忡忡地，在電話中抱怨給自己聽，因爲……

此刻在騎樓下，完全不屑跟任何人接觸、也自認根本沒犯法、誰也不能干涉她的紫欣，根本不在乎她家人對她的擔心。

於是……

「紫欣，回家吧！至少，趕快給爸媽打一通電話，告訴他們妳平安，讓他們放心……」

「不在乎家人擔心的人，却又說自己是很有情、有義的人，任誰都不會相信的……」

「而且……緣分是不能勉強的，眞正的關心更應該是彼此尊重的……」

「如果還一直執迷不悟，傷透父母的心的話，我不會承認這樣的人是我們家族朋友的……」

「……。」

十一點多節目一開始，對著麥克風，我儘可能「軟中帶硬」却「絕不改變立場」地勸說著。

但，收音機旁的家族朋友絕對想不到，這個被「呼喚」的人，當時就正在電台大樓騎樓下，戴著耳機聽著節目呢！

而她還是個二十六、七歲的成年人啊！

暗夜

一

下節目……

「她還是沒打電話給我們……」紫欣媽媽說。

「她一下出現、一下又不見……現在倒沒看見她人，不知道是不是走了……」門口的警衛說。

然而，紫欣的住處，仍是無人接聽電話的。

於是……

很快地開完關於明天節目的會議，也再請警衛確定大樓前後沒有紫欣的蹤影之後，四個同事陪著我一起從一樓的後門走。

本以爲這樣已有了三重防護了——

一、不是走前門。二、「人海戰術」，哪曉得誰是誰？三、後門外那麼黑，根本看不清楚什麼的。

所以，一堆人就想按照預定計畫，直接走了出去。

不過，穿黑衣的小楊又臨時提議說：

「我看，爲了保險，我還是先『摸黑』出去再查看一下好了。如果沒什麼狀況的話，你們再和光禹一起出來，OK？……」

就這樣，在同事們笑著說：「喂！穿得那麼黑，你可要走好吔，別跌倒啊……否則我們怕等一下會踩到你……」管理員把門一開，小楊一身黑地走進了黑。

一出了門，小楊走到了花圃前的一塊小空地。

他心想，應該不會有人躲在這麼黑的地方吧？於是轉身想往較亮的馬路方向走去。没想到，才一回頭，他彷彿看到了一個白衣服、長頭髮的女人，坐在通往地下室入口的樓梯上。

他心頭震了一下，定神一看……

哎喲！這長髮女人還托著下巴，兩隻銅鈴大眼還望著他呢！只是沒辦法細辨她的面貌……

他著實嚇了一大跳，只差沒叫出來。

但立刻，他知道，那就是紫欣。

於是……他保持鎮定，假裝若無其事地往馬路走去，不料……紫欣隨即就跟了上來……

亦步亦趨地跟著的紫欣，口中還一直輕喚著：「光禹……光禹……光禹……」甚至還跑上前來拉了一下小楊的手肘說：「光禹……你不要跑嘛！我有事跟你講……」

「對不起，我不是光禹喔……小姐，妳認錯人了……」小楊邊走邊側著頭說著，却看見紫欣瞪大的眼睛咬定了他，而且，手中還拿著不知是什麼東西。

「你少裝聲音了……光禹……光禹……你不要跑嘛……」紫欣仍陰魂不散地跟著。

而這時候，反方向從正門繞回去查看的警衛，看到這一幕，先是愣了一下，便立刻上前，跟在紫欣的旁邊說：「小姐，妳有什麼事嗎？妳搞錯啦……他不是光禹……妳跟著他幹什麼嘛？」

「我沒有跟著他啊！我家就住這裡，我要回家，我想走這裡不行嗎？走開啦！你不要碰我……」

紫欣氣憤地說著，還邊把手肘往後面用力甩，一副「你敢碰我，我就告你」的樣子。其實，警衛根本沒碰到她。

「好，那我們回頭走好了……」

警衛此話一出，小楊立刻也就跟著轉身往回走……

但沒想到，紫欣竟也轉身緩步地跟著。

「小姐，妳不是說妳家在那裡嗎？怎麼又回頭跟著我們呢？」警衛有些生氣地回頭問她。

「奇怪，我現在又不想回去了，不行嗎？路又不是你開的……眞是奇怪……」紫欣的語調，非常不可理喻。

「那一剎那，我眞的是被嚇得呆掉了……想想看那種眼神和『跟人』的氣勢，而且，也不知道她會怎麼樣……我的媽呀！」

「我看，你三客牛排也不夠請了，而且，還要收驚費喔！哎，眞的從沒看過這樣的人、這樣的事，嚇死人了……」

已「趁亂逃脫」回到家的我，打電話回電台聽小楊說完整個狀況後，我感到非常氣憤、驚訝，也很抱歉，一直說一定要請小楊客才行。

但你知道嗎？強悍的主震剛過，餘震却已在後面等待，準備就要發功了。

不放

那夜，小楊受驚回電台之後，沒想到紫欣還是神通廣大地暗中等著他，偷偷跟著他下班回家。然後……

在接著下起綿綿陰雨的兩天裡，她經常撐著傘，來回地在他家門口踱步、巡邏，像飄忽不定的遊魂。

「要不是爲了『欺敵』，否則我昨天就想上前罵她：『妳不累啊？不用上班嗎？妳乾脆改行當狗仔隊好了……』難道她不知道這樣實在很討人厭嗎？」

「……而且，你知道嗎？她今天居然還趁我女朋友來我家吃晚飯的時候，在她摩托車的一些按鈕上，上了三秒膠，很可恥吔……」

小楊連著兩天不爽地罵著。我又聽得很過意不去，氣不可扼。

「大概這兩天你才剛出新書《爲眞愛承諾》，她看得太瘋狂、太入戲了，一定非得要爲你承諾吧?!」小楊「苦中作樂」地故意這樣幽了我一默，想調和一下情緒。

然而，我一點也笑不出來。

因爲……

「你爲什麼要逃、要躲呢？還裝聲音……你爲什麼都不敢面對問題呢？我身爲一個女生，都有勇氣面對你、承擔一切了，你爲什麼要做個縮頭烏龜呢？……」

「還找那麼多人來對付我這個弱女子，好像我是你的仇人一樣，非把我除掉不可……這樣做良心會安我才不相信。難道，愛一個人有那麼可恥嗎？……」

「還是，你心中根本有了別人，沒有把我對你的愛放在眼裡。我已經說過了，我今生今世只會全心全意愛你一個，不會去愛別人了，難道你不明白嗎？……」

「……。」

看著紫欣這兩天從7-11來的傳眞，以及兩袋親自放到警衛桌上、轉頭就走的禮物和信。我知道我不該對其實也非常痛苦、疲於奔命的紫欣生氣的，可是……

複雜的情緒，却讓我像一顆要爆的炸彈。

坦白講，紫欣讓我想到了白蟻。

我的意思不是指她是白蟻，而是，她心裡住著白蟻，竟還渾然不知。

而這白蟻……如果是「我」的話，她就應該先把我從她心裡剔除，趕快回復心房的舊觀。而如果她骨子裡的「偏執」是白蟻的話，那她更

將它除掉，還給自己思考的空間，對不對？

爲什麼她要這樣任其啃蝕，搞得大家都一團亂呢？

就算龐大的蟻窩已築成了，那還是可以將它摘除的，不是嗎？就完全看自己肯不肯而已。

「紫欣，妳醒醒吧！妳覺得妳現在這樣的舉動像個正常人嗎？再這樣下去，妳會毀滅妳自己，也會傷到別人的……」

「放了我、放了小楊、放了妳家人，更放了妳自己吧……」

我在心中怒吼著。

但看來……紫欣似乎就是準備繼續這樣，不打算停止了，也不知如何停

止……

天啊！難道眞的一點辦法也沒有嗎？

迷宮

我太太已經搭飛機上台北了，這兩天，紫欣到哪裡，她就會跟到哪裡。我們要讓她看看這種『緊迫盯人』的感覺怎麼樣？……我們是她父母，不怕她告我們騷擾……」

「無論如何，我們一定要帶她回花蓮了……」

紫欣爸爸的口氣雖然生氣，像要使出「最後殺手鐧」來，但任何人都聽得出來，這絕不是「以其人之道，還治其人之身」的報復，而是「女兒啊，我不相信我們救不了妳」的不放棄。

而電台方面，也已立即把那兩天的信和禮物，都限掛退回給紫欣，裡面並附了一封「請她勿再這樣跟蹤、騷擾」的嚴正聲明。

除此之外，大樓警衛和櫃枱同事，也都被告知不再接受紫欣送來的任何東西。如果她硬要留的話，最後還是要通通寄還給她，以斷絕她繼續沈迷和付出的管道。

我想，面對紫欣的無法自救、無法自拔，所有人能做的，眞的就只有這樣了。

但是……

「連我媽媽也被你們拉來對付我，阻止我去愛你……爲什麼當我這樣心力交瘁、付出百分之百的愛的時候，你卻還要這樣落井下石地回報給我負一百萬的傷痛？……」

「認識你到現在半年多，我從來没有一天開心過，我的可憐都是你造成的，而你是我唯一的當事人啊，也是我這個世界上唯一在乎的人……但你却不願承擔一絲絲的責任，也不願給我一絲絲的愛與憐惜……」

「不要告訴我你已經在電話中說得很清楚了，那叫作誠意嗎？……如果你不愛我，選擇了別人，只要你願意當面告訴我，我一定會接受的。而且……我們甚至可以一起坐下來好好談談，到底我們的問題是出在哪裡啊？……」

「我說過，如果我錯了，我願意改；我做不夠的，我會拚命努力。可是，你現在卻狠心地關閉一切溝通管道，還退還我的禮物，我不會接受的，死也不會……」

「……。」

因爲媽媽一來，哪兒都不能去的紫欣，一直待在房間裡寫信、傳眞，寫信、傳眞。一天傳來的信，多達十幾封。而信中的字字句句，依舊意亂情迷、自問自答。

究竟，這是紫欣目前唯一的「單行道」呢？或是她一樣還在「逆向

行駛」，而且還踩緊油門呢？

沒有人能替她回答。

因爲每個人的心情，一樣還被她拖在迷宮裡。

妥協

「紫欣後來怎麼樣了？」一早九點多，小光光正在院子刷洗著拆下來的紗窗，當他回頭看見起床的我，立刻問了這句話。

顯然，他昨晚半夜兩點多，「隱約」聽見了我和光媽的一些對話。

二月初的陽光透著春寒，但捲著衣袖和褲管、光著脚丫踩在泡沫冰水裡，繼續賣力刷著的小光光，却好像微微冒著汗，暖和得很。

這一幕，讓我在還未開口告訴他，昨晚紫欣寫來的一封傳眞前，就先輕鬆地打起了又長又大的哈欠，也順便伸了個大懶腰。

「光禹，剛才在節目中，你爲什麼突然咳了一下呢？爲什麼你老是没有把我的關心、我的叮嚀，放在心上呢？你知道我有多心急嗎？那麼不會照顧你自己，你叫我怎麼放得下？」

「没寫傳眞來的這幾天，你都忙了些什麼事？有没有去哪裡玩？跟誰？有没有吃飯？有没有睡飽？你要記得多吃點營養的東西，身體才會健康，知不知道？……」

「台北天氣好嗎？有没有下雨？冷不冷？我送你的圍巾有没有在用？……如果，你有需要我的地方，只要告訴我一聲，我會立即從花蓮飛奔過去的……」

是的，紫欣已和家人「妥協」，回到花蓮了。

剛看到這封傳眞時，我內心有一種如釋重負的輕鬆感，因爲，盼望已久的「空間感」終於出現了。而紫欣字裡行間，雖然還有著濃烈的情愫與關心，但至少没有前一段日子的歇斯底里與激情糾纏了。

然而，看到傳眞的後面，我的心情卻又一下子沈重複雜起來，有點難過……

「光禹，既然注定這一輩子我必須有這份遺憾，無法得到你的愛，但請讓我能默默地在遠方關心你，好嗎？不要再退我的信件和禮物了，不要再剝奪我這份卑微的權利了。」

「我眞的不是壞女人，我也不是預謀要愛上你的……我的禮物更沒有毒，吃的、穿的、用的……全是我的善意、我的心，如果這樣你退過來、我退回去，你退回來、我再退回去……我會連人格都沒有的……」

「讓我這輩子就這樣默默地在遠方關心你，好嗎？直到下一輩子，我們再重新認識、重新相逢、重新開始我們的愛。」

「那現在怎麼辦？還要繼續退她的東西嗎？」聽得很認真的小光光，停下了工作，問我。

「你覺得呢？」

雖然，昨晚在電台已與同事討論過、回家也和起床上洗手間的光媽商量過，也有了「決定」，但我仍脫口而出直接反問小光光。

「我啊？……我想我先不會再退她東西了吧……」小光光直接回答了我。

而且，當我還來不及問他爲什麼時，他又接著說：「除非，她再有什麼瘋狂、失控的舉動，才再退她東西，或再想其他方法，要不然……

看她的信寫得那樣，眞的很教人不忍心……」

我很驚訝，小光光不假思索地就提出了對他來說有點「超齡」的看法，但……是啊，就是這樣！

當紫欣不理智、胡鬧、騷擾時，所有的「防治措施」，都有了「必須存在」和「爲了她好」的堅實理由。可是，當紫欣「妥協」回到比較理智和尊重別人的心理狀態，而「卑微地」提出了「最基本權利」的要求時，「拒收她一切東西」的理由，竟顯得那麼不堪一擊、很難成立啊！

尤其看到她「只想一輩子默默地在遠方付出」……這叫人怎麼還退得下手呢？……

「可是，我覺得你現在還是不要回她的信或接她的電話了，也不要想再去跟她解釋什麼，或是道歉什麼……因爲……萬一她以爲她又有希望了，說不定她又會『發作』了……」小光光分析說。

我一聽，內心又再度驚訝起來。

因爲，小光光竟會「主動」繼續表達那麼多意見。而且，我在看完這封傳眞時，複雜的心境的確使我曾想到，有機會的話，眞想好好地再一次告訴紫欣：「沒有人曾懷疑過妳是惡意的，或者把妳當作壞女人，更沒人想在處理這件事的過程中故意傷害妳……我多麼希望，妳也能很快就像其他空中的家族朋友一樣，在尊重自然的緣分空間裡，繼續和我成爲精神上緊密成長、互動的朋友，而不是……」

「這些還是完全透過電台的管道，傳給紫欣的爸媽，由他們以做父母的立場，慢慢提醒她，讓她了解比較好……」昨晚電台組長和光媽都是這樣「強烈地」認爲。

「所以……久一點吧！……希望她可以眞的知道，緣分有很多種形式，都很珍貴，但都是不能強求的……自然就好……」我看著滿地的肥皂水和泡泡，說著。

外頭愈來愈明亮的陽光，像隨時要翻牆進來……

小光光像小大人一樣，點頭同意著。然後，隨手又放平了一片紗窗，準備繼續刷洗。

我忽然覺得，今天眞是個nice day（好日子）。不只紫欣的事像暫時告一段落，而且我的孩子又那麼難得地願意跟我多聊，甚至那麼知我、懂我，又那麼……

反正，氣氛還不錯就對了！

於是……

「你們班上……上學期都還好嗎？……下學期有沒有人會轉學？……」我刻意轉了個話題，想藉著家人都不在、又有好氣氛的情況下，和已放寒假在家的小光光多聊一下……

突然，小光光側頭的一個眼神和聳了一下肩，讓我立刻像被潑了一盆冷水一樣……連原本想走上前去「一起洗紗窗、一起聊」的脚步，也縮了回來。

「你爲什麼要這樣問？……而且，我不知道啊？……」那種眼神和那一聳肩，彷彿是對我這麼說的。

「現在報上常有許多轉學生或輟學生的問題……」我自顧尷尬地解釋著自己問了之後，也很懊惱的「笨問題」，勉強給自己「爲什麼這麼問」「拗」個理由，可是……

「没用的，學校的事，他根本就不想講的……」

圓圓坐在客廳沙發上，莫名其妙地看著要進房的我，用眼神這樣對牠說，眼神裡還有一種挫敗和一點惱怒的情緒。

放假

坦白說，因爲現在是放假期間，我暫時一點都不擔心，小光光在學校被人「欺負」的處境。即使有一次半夜回家，我聽見他像做了噩夢般地，喊著一些不知是什麼的夢話。

但我的潛意識裡，却一直很想利用這二十天左右的假期，好好地「瓦解」小光光的「心房」。讓他願意對我說說心事，哪怕是分擔一點點也好，好讓我能「師出有名」地，看怎樣能幫助他，以免下學期時，我又是只能瞎操心。

然而……

「咦？你種的那盆小幼苗怎麼不見了……」

剛放假的第三天，我問。

小光光當場只瞄了我一眼，動了一下肩，然後就……什麼都不願說了，連一個字喔！

我實在搞不懂，爲什麼小光光的心房，一點「放假」的跡象也沒有，依舊固若金湯，攻也攻不破。

家裡的白蟻不都可以眞正地放假，不再作怪了嗎？甚至，連紫欣心中的大蟻窩，不也都可以先被拆除，然後再慢慢靠她自己「細部除蟻」了嗎？那……

「兒子啊，說出來有那麼嚴重嗎？你到底在撐什麼的？……我們是一家人吔，我又不會給你到處亂講！」

我一直在心中百思不得其解。

想找他出去玩玩走走，他不想去。

全家要一起去逛個街、或超市買買東西，他也意興闌珊。

因爲……

他一直都在等電話。

尤其是換成無線、拿進房裡聽的那兩通電話。

我猜，那是小美。

可是，連看到期末考成績單上，小美掉到了十幾名外，我問都不敢問，也不知道從何問起了。即使我知道那是小美打來的電話，又有什麼用呢？

請問，「小美會不會搬家？」這問題，我可以問嗎？

別傻了！

而那天，邱老師打電話來，做第二次電話家庭訪問、並且順便拜年時，我也是憋了一肚子話，說也說不出來。

倒不只是因爲全家人和小光光都在客廳，而是……就算是私底下講，我也不能向老師說些什麼、深入問什麼吧？

否則，難不成我要解釋說我是根據「小光光日記」，或者掰說是小光光告訴我的，是不是？

我只能說：「謝謝老師告訴我小光光在學校的表現還不錯，可是還是要麻煩老師再多教教他、多注意他了……」然後……

就這樣結束了十五分鐘的電話。

「喂！你很神經質吔，他這學期拿了第二名，老師也說他在學校的

狀況都不錯，你到底還要問他什麼嘛？你自己以前不也是不喜歡人家問東問西的嗎？……」

大年夜吃飯前，趁小光光洗澡，我再次提出自己懷疑小光光有心事，希望大家多去關心問問他時，光媽和光妹反虧了我一把，讓我當場說不出話來。

「媽，妳以前也很喜歡東問西問的，現在妳到底站哪一國？……」我在心裡氣惱地問著。

原來偷偷擔心孩子、關心孩子，竟是這般折磨人啊！

所以，你知道嗎？這持續的狀況，使我又想再度不小心「碰見」小光光的日記。

眞的，只要再一次就好。

可是，另一方面我却覺得，怎麼從某個角度來看，自己有點像是紫欣，而小光光就像我……

天啊，怎麼會這樣？

「不，絶對不一樣！我是他爸，我關愛他、想幫他、了解他……那是不一樣的……」我這樣堅定地告訴我自己。

但是……

爆發

沒想到，開學不到一個禮拜，就東窗事發了。

「那爲什麼你要偷看我的日記？你這樣做跟紫欣的侵犯、騷擾有什麼不同？……你到底懂不懂尊重隱私啊？……」小光光嘶吼了起來。

「做爸爸的關心，卻被你說成跟紫欣的侵犯、騷擾一樣，你這麼黑白不分的嗎？……而且，難道我沒有道歉嗎？」我難過又氣憤地大聲斥喝著。

「那算是道歉嗎？你內心根本就不認爲自己有錯……到底是誰黑白不分？……」

「不是道歉，那要怎樣？要下跪嗎？」

「你看，你又轉移焦點、避重就輕了……你爲什麼要這樣？」小光光氣呼呼的聲音，像極了從脖子上的青筋噴出來似的。

我萬萬没想到，小光光竟會跟我吵成這樣。我本以爲他會很生氣地叫嚷幾聲後，就把門一甩，在房裡生悶氣什麼的，想不到他竟會像要對我這個老爸的宣戰一樣，就戰鬥位置之後，立刻卯足了氣力，左鈎拳、右鈎拳地向我無情地襲來。

突然之間，不到一百六十公分的兒子，像極了一個一百九十公分「耀武揚威」的大巨人，讓我感覺到一種無法形容的壓迫感。

尤其是他的態度——像吃了炸藥、可以六親不認的態度。

我簡直不能想像，眼前的他，就是我的兒子。

「我已經承認我看了日記了，這樣還叫避重就輕嗎？啊？……這是你對爸爸的態度嗎？……」我怒火齊揚地大罵出來。

傍晚五點半，當我正睡得迷迷糊糊時，一陣敲門聲叫著我。

「怎麼樣？」

我看了一下桌鐘，以爲自己睡過頭了，家人在敲門提醒我。

「你是不是偷看我日記？」

當門外的小光光有點火、又不會太火地提出這個問題時，我整個人被嚇醒了。

頓時，我就像個門外有警察要臨檢的罪犯一樣，不知該開門還是不該開。我愣住了，心頭緊揪了起來。

「是不是?」小光光大聲追問著。

於是,我開了門,立刻自承:「有!但是,我是不小心看到的,不是故意的……爸爸很抱歉……」

我沒有反問小光光:「你是怎麼知道的……」也許潛意識裡早就知道遲早會有這天吧?!

「不小心的?我就知道你會這樣說……就算不小心發現,你還是可以不看啊?你有沒有道德啊?……」站在走廊上的小光光氣急敗壞地指責我。

我頓時有種羞辱感,脹熱著臉解釋說:「因爲爸爸實在很關心你,感覺你好像有些心事和難題沒辦法解決,而且你也什麼都不說,所以當發現日記時,才……」

「又怪到我頭上了,我有請你幫忙嗎?你爲什麼要用這樣的理由來

替自己找藉口？……是不是你是主持人，我們就都說不過你……」氣得發抖的小男生聲音，愈來愈不留情面地叫著。

我眞的火大了。

「什麼主持人不主持人的，你用這樣的話來糟蹋爸爸的嗎？你哪裡學來的，你？……」

「是你先對我不尊重的，你爲什麼不先檢討你自己……」小光光依舊奮力地吼著，聲音像發火的迅猛龍。

「我不懂吔，我到底做了什麼罪大惡極的事，可以讓你對爸爸這樣？連道了歉還這樣，你書到底唸到哪裡去了……」我的情緒也快爆掉了，

像隻暴龍。

「對！我是沒氣質、沒教養的孩子……你最對了，你都沒錯……」吼完這句話後的小光光，立刻轉身衝回房，用力「砰！」地一聲把門甩上，我的怒火瞬間衝到了最高點。

我馬上將門打開，貫入眼耳的是氣哭的小光光用力摔放著桌上的書，自顧地大罵：「自己說眞關心，才會眞正的尊重，原來那些都是在唬人、騙人的……」

「我所有的解釋，你根本都不尊重了，不要給我故意拿『尊重』大作文章……我對你的擔心、關心，你尊重了嗎？萬一你在學校發生了什麼事，你能自己負責嗎？你能嗎？……」我對著故意背對我的小光光霹靂地罵著，要他也將心比心，可是……

「我不需要你負責……」

這大概是小光光到目前爲止最憤怒的一吼，聲音都快啞了……

接著，他半低著頭，快速地邊走過我面前，氣不可扼地叫著：「反正別人的都不是祕密，只有你自己的才是……」

「他要去哪裡？」我有些愣住了，但我仍反射性地反駁他：「奶奶也曾看過我日記，我也很氣啊！可是誰像你現在這樣無理取鬧？」

「好！我現在講什麼，都是無理取鬧，你最偉大……最有理……」

小光光側看了一下彷彿要跟著他移動的我，丟出了這句話之後，像要……

離家出走？

「難道我不是嗎？我不管説什麼，你也都當我這個做爸爸的蠻橫不講理，不是嗎？」我立刻降低了氣憤指數，這樣説著。

但小光光已在穿鞋了。

這時候，剛洗完澡、濕著頭髮的光媽，快步從後面走了出來。

「小光光，等一下就要吃飯了，你要去哪裡？」皺緊眉頭的光媽著急地問著。

「小光光，你現在這樣出去，你就是無理取鬧……我自己也很生氣，可是我有這樣就要出去嗎？……」我大聲地質疑，算是「挽留」他。

可是……

小光光頭也不回地大叫一聲：「這是你的家，你當然不用出去……」之後，便開門出去了。

錯愕的我愣在原地，彷彿聽到光媽急哭的聲音，大罵著我：

「你幹嘛看他日記？你不是讀書人嗎？怎麼做這種事？……」

「怎麼會跟孩子吵成這樣，你幾歲的人了？……這時候講大道理有用嗎？你精神有問題啊……」

「你還不趕快把他叫回來……」

心焦

「不在那邊是不是？……我以爲小光光說要拿東西給朋友，是拿給你的……那，沒關係，可能他又去逛書店什麼的，也許再等一下就回來了……」

「喔，沒什麼事……好……謝謝，有空來玩……再見！」

我刻意裝作若無其事地與小光光最好的朋友——建鈞講完電話，但看著快指到九點的鐘，我的內心立刻像又漏了個大洞一樣，漏出去的是希望，滲進來的却是噬心的焦急。

頭髮已「自然乾了」的光媽，和與我也一起進進出出找了好幾回的光妹，再也不想說什麼、責備什麼了。

因爲該激辯的、該流淚的，早已在這兩三個小時上演過了。

此刻的鏡頭中，只剩下餐桌上未動過、已涼掉的飯菜，和客廳裡不知如何是好的相對無語。

「反正，現在說什麼都沒用了，那就等吧！讓他散一下心也好，等氣消了，就會回來吧……」

「怎麼會這樣？……」

才剛下南部兩天的光爸，在電話那頭的聲音，冷靜中還是透露出壓抑不住的心急。

但眞的，大家都不能再做什麼了，現在。

連跟著房間、桌下、椅子下都找遍了的圓圓，也只有趴在沙發上，束手無策。

「難道，日記跑到妳面前，妳敢說妳一點都不會看嗎？妳會那麼神聖，才怪？……」

「開玩笑……偷看日記的人又不是我，你却反問我這種問題，那就可以表示你無罪嗎？……」

「我說過了，妳聽不懂嗎？我根本沒有說自己沒錯……」

「那你幹嘛跟他吵成這樣……」

「……。」

九點多之後，已在電台準備節目內容的我，想到剛剛和小妹激動的唇槍舌戰，以及稍早和小光光火爆的「父子相爭」畫面……我的內心仍舊一團混亂。

我忽然還意外地發現：不知光媽、光妹是不是都焦急太過了，還是要刻意讓我成爲唯一的「兇手」，居然沒人「詳細」地問我小光光的日記內容，更沒人「關心」我看完日記後的種種複雜心情……

「好像罪該萬死的，是我一個人就對了！」

自責、孤單、沮喪的情緒，讓我內心亂上加亂，複雜得可以。

尤其，十點半再度打電話回家時，知道小光光還是沒回去……

「小光光，你究竟跑去哪裡？你不會要爸爸在等一下的節目中尋找自己離家出走的孩子吧……」我在心裡呼喊著。

承擔

將近十一點，光妹打了電話來電台，說小光光剛剛回來了。

「媽媽正在跟他說話，你好好做節目吧……」光妹簡單地說。

十二點整，節目中間的五分鐘新聞時間，我打了個電話回家，想跟小光光稍微聊一下，以撫平傍晚彼此都受到激擾的心。

結果，小光光正在洗澡。

接電話的光媽，跟我聊到她剛剛和小光光談話的狀況。

沒想到，我的心情一下子像再度覆上雪的山頭，放眼望去，看不到冬天的盡頭。

「不用！……他是名主持人、名作家，永遠都是對的，誰敢讓他道歉？……」

「他根本不必擔心我『離家出走』……我也不需要他來爲我負責什麼……我本來就應該是一個人自己過、自己活的……」

「他可以反悔，不要領養我啊！我可以回育幼院去的……要不然我也可以自己想辦法……」

下了節目，來到電台附近的中正紀念堂，一個人靜靜地坐在魚池畔。

想到小光光面對光媽的安慰時，一開始便說了這麼「直接」「赤裸」的心裡話，我突然掩面激動起來。

「我讓你有那麼恨了嗎？孩子……你竟然會這樣說……」

「我眞的有那麼罪大惡極嗎？一定要承擔你這樣的不屑和羞辱嗎？」

原來，那麼稚嫩的驅體，是可以裝著那麼大的叛逆與憤怒的，大到可以不要過去、不顧一切……

原來，一起生活了六年多的親情和關心、眞實與美好，是可以在生氣裡完全不存在，甚至一筆勾銷的……

一切，就因爲不小心、不尊重，就可以用那麼狠的言語，回報那麼牽掛的愛，是嗎？……

那生命裡，還有太多理由和引爆點，可以讓人這麼決絕、讓人隨時可以點火引爆的，不是嗎？……

就像許多因爭執而分離的愛情、婚姻，就像許多因故翻臉不認的骨肉親情……

喔！原來，愛和緣分眞的也可以這樣說要就要、說不要就不要，管它原來如何難捨、如何難斷，反正全敵不過憤恨的意志……

想起小光光加入這個家的第一夜，我親自教他刷牙，要他好好愛這個家、也讓我們好好愛他，大家一起分擔內心的喜樂，絕不可以隨便不要這個家……這彷彿才是昨日發生的事而已。

但就這麼隔了一天，他的心事竟可以這麼不願讓父親分擔一點點，哪怕我真的不是故意的，也道過歉了。

想不到，父親可以比日記不如，父親的擔心也可以比他和別人的祕密不如，那些都是他的命，而我……

什麼都可以不是！

看著清冷的湖水和冷清的池畔燈光，我感受不到這是春天的夜。

我雙手環胸，微微地抖了起來。

我忽然想起了當初領養前，家人的強力反對和勸阻……那些言語，現在都有資格來到我面前嘲笑我的，不是嗎？

但現在，我都已走到這裡了……又能如何呢？……

我已沒資格反悔了，不是嗎？

因爲當初，的確是我自己準備好要養他、愛他、承擔他的一切的，不是任何人強迫我的！

所以……

儘管嘲笑好了，我自己知道我絕不會做個反悔的人，我仍會負起自己的責任，尤其是在這個時刻……

「等到你十八歲吧！或者如果你願意的話，等到你大學畢業吧！到時候，想離開這個家，你再離去吧！我不會攔你的……」

「我知道愛是自由的，我只是在幫老天爺照顧你而已……但，就請你再『勉爲其難』地好好在這個家生活吧……我會『配合』你的……」

我在心裡面這樣「悲情」地告訴著小光光，整個人不禁又激動了起來。

然而這時候，剛「熄燈」的魚池水面，却靜靜地漾著看不見的黑……

回到家，不知跑到哪個房間跟誰睡的圓圓，並沒有來迎接我。

深夜兩點半多的屋裡，一片安靜漆黑，好像今天都不曾發生任何事情一樣。

洗完澡，躺在床上，我把自己的心情裝得已經很平靜。但眼前卻又跑出許多和小光光一路成長的畫面，情緒像海浪一樣，一下子又湧了上來。

脆弱

下午三點多回到家，和光媽談起昨晚的事，想不到講沒幾句，我自己竟然就先紅了眼眶。

尤其說到昨夜在中正紀念堂的一些想法，我更激動得講不出話來。

圓圓趴在一旁，靜靜地看著我。

原來，在親情面前，人會像堅石，也會像水，可以武裝，也可以一下子崩潰。

不料，也流了淚的光媽，卻忽然反問我：「有那麼嚴重嗎？……如果你這樣跟他說的話，一個有骨氣或很倔強的孩子，會眞心誠意地眞的留到十八歲或大學畢業嗎？……」

「想想看，你是忍氣吞聲、克盡職責的好爸爸，道理通通在你這邊，那他是什麼呢？……」

我一聽，愣住了，答不上來。

「你把它講得那麼嚴重，小孩子內心不是會很惶恐，要不就會很反彈的，不是嗎？你自己想想看？……」

「不要把它看成大事情，要讓小孩覺得這件事很快就會過去，那麼小孩也就比較不會鑽這件事的牛角尖，不是嗎？……」光媽說。

這下，我更聽得啞口無言，心中像敲了一聲清脆的鐘響。

她說，小光光一時氣憤、口不擇言，讓我在這件事情上受傷很重，她可以理解。但是像我這樣帶著受傷的心，去處理孩子的問題時，孩子一定會有壓力，心中的叛逆不見得會被疏通，反而會愈積愈多，只是我不知道而已。

「既然他在乎日記被偷看這件事，那就只要針對這件事去解決，給他說法、說話算話就好了，其他情緒上講的話，不必放進來討論，至少不是現在……否則事情眞的就會變嚴重了……」

光媽看著我，說得很專心，我也聽得很投入，在心裡頻頻點頭。

她說，當父母親的就是這樣，要比孩子堅強、要比孩子不容易受傷，心態也要比孩子健康，才能做好「引導孩子」的角色。

「孩子可以因爲一時不成熟而想放棄什麼，父母却不行；而孩子可以因爲一時不懂事而不想溝通什麼事，但父母不行……」

「這才叫父母親的責任嘛……也就是隨時要做『些門衣列門』（7—11）……」

五點鐘，躺在床上的我，怎麼也睡不著我的第二段覺。光媽對於「7—11」的發音，還讓我隱隱發笑著。

想著剛剛的那番母子對話，心中實在有很多感觸，我更是對光媽「平常看似沒有什麼，要用時卻一直源源不絕」的想法和智慧，再一次覺得非常驚奇。

她不只掃去了我的脆弱和陰霾，而且，也覺得如果我自己還是個孩子，她的想法，的確在我身上會很受用的。

「她怎麼會那麼厲害？眞的可以去開課了……」我打從心裡這樣佩服著。

相較於未受過教育、不識字的母親，我的人生智慧，彷彿只是在「牙牙學語」的階段啊！

坦白

「小光光，爸爸不會再看你的日記了……」將近六點鐘，小光光一進門，我就立刻起床，進他房間，開口向他說了這句話。

我的表情是：「Trust me, I can make it.」(放心，我做得到)

小光光起初有點猶豫要不要點頭，等到我更輕鬆地迸出一句：「你可以息怒嗎？……」忽然，他看了我一下，像「你怪怪的……」然後，他有點酷、又有點微笑地點了點頭。還隨即說了一句：「好吧！坦白從寬，抗拒從嚴……」

我一聽，愣了一下！

哇！這句當初我們父子看「紅色角落」錄影帶時，學來相互開玩笑的台詞，有多久沒聽到啦……

你看，他真的放開心了吔，還跟我抬槓呢！

光媽果然説得没錯，孩子的確需要我給他個説法，才……

「不過，我的日記，你總可以還給我了吧？……」小光光收起了笑容問我。

「你的日記？還你？……」

我突然一頭霧水、莫名其妙。

「你没拿嗎？」小光光看著我。

「没有啊，我拿你什麼日記？……你是不是在開玩笑……」

我被這氣氛搞得有點詭異起來，同時又覺得會不會是小光光像以前那樣，眞的在玩著開玩笑的把戲，然後，突然再冒出那句：「坦白從寬，抗拒從嚴……」

「不會吧？……你眞的没拿嗎？……」皺著眉的小光光，眞的好像電影中的法官。

「我……我眞的沒拿啊……」我說得快笑出來了，因爲，好像他就快要冒出「那句話」了。

可是……

就這樣一來一回地又「演」了老半天，「那句話」不但沒再跳出來，反而還讓我好氣又好笑地想把小光光吊起來鞭刑！

爲什麼啊？

來，你先別想得太複雜，讓我馬上告訴你：

小光光的日記，是眞的不見了，但，你絕對想不到，那却是因爲他前一段時間每天換不同的地方藏日記。到後來，也就是昨天，他一時不察，找錯了「最後一次」的「藏匿」地點，當場就誤以爲「人家」偷拿了他的日記。

而那個剛剛還看著小光光找出日記的「人家」呢，就是……

了。

對不起，麻煩你先讓開一下好嗎？因爲不長眼睛的鞭子就要揮出去

「啪！」「啪！」「啪！」……

軌跡

三月下旬，藉著小光光的學校，將運動會和非正式的家長會結合的當天，我見到了邱老師。

懷有純眞性格和教學熱情的邱老師，留著一頭長髮，有一種脫俗的清秀，看起來就像……

就像一位國文老師的樣子。

雖然，到場座談的家長不很多，提出來的各類問題和「要求」却很多。但邱老師耐心和誠懇的回答，却讓在一旁邊聽邊觀察的我，很高興孩子有這樣的導師。

當座談結束，大家準備去參與孩子們在操場上的各類活動時，邱老師突然叫住了我，說她要拿小光光在上禮拜得到全校作文比賽冠軍的文章和我分享，因爲……

「寫得眞的太好了……」她說。

我愣了一下。

「需不需要經過孩子同意啊?」我像「一朝被蛇咬，十年怕草繩」地提出我的顧慮。

邱老師笑了起來說：「沒那麼嚴重吧?而且，他這篇文章的正本，現在還貼在文化走廊的公告欄上，和許多藝文比賽的優勝作品放在一起，供大家欣賞呢……要不然，你可以去那邊看啊……」

我一聽，也笑了出來。

於是……

接過邱老師手中早已影印好的小光光的文章，我坐在教室靠窗的一角，靜靜地看了起來。

窗外，是一片陽光、鳥鳴和搖晃的樹影……

青春的軌跡

我常在想「天行健，君子以自強不息」這句話，到底對我這樣年紀的青少年有什麼樣的意義。因爲，它似乎太老氣、太沈重，也太偉大了，跟我青春的生命一點都不親近。

那爲什麼老師會經常用這句話來鼓勵我們呢?它眞的那麼重要嗎?

上個月底，發生了一件事，好像讓我領略了老祖宗給我們這句話的用意了。

那天，我和父親起了有生以來最大的爭執和衝突，就爲了一個觀念，也或許是彼此之間的誤解吧!

我一氣之下，便奪門而出。

我跑到中正紀念堂，在漸漸暗下來的暮色中，我看著池中的魚兒和來來往往的人群，我忽然感覺自己像個孤兒一樣，內心愈想愈難過、愈想愈徬徨。

硬著頭皮回到家，爸爸出去找我不在，我還是任性地武裝起自己，對著奶奶數落爸爸的不是和不講道理，一副永遠不肯原諒他的樣子。

沒想到，流著淚的奶奶，在安慰我之後，竟告訴我，關於這件事情，她要向我道歉。

因爲，奶奶說，她在爸爸小時候，也會爲了同樣的事情起了嚴重的爭執，也許那時候她沒有處理好吧！才會造成爸爸現在也沒處理好這件事。

所以，她說，她希望我能原諒爸爸，也能原諒她。

不知道爲什麼，奶奶的這番話，讓我非常感動，我關在自己房裡，偷偷的流淚，久久不能入睡。

尤其，當又聽到父親歸來的聲音時……

隔天，大家正常的上班、上課，這個家好像不會發生任何事情一樣，除了老爸傍晚時，用好心情來向我道歉。

其實，爸爸眞的不需要跟我道歉的，奶奶也是，因爲他們每一個人面對我情緒失控後的態度，早已讓我覺得該道歉的人是我了。

他們讓我看見，生活應該就是：「踏出每天應走的步伐，讓痛苦、障礙離去，讓愛繼續……」

而「天行健，君子以自強不息」的大道理，不正是藏在這樣的生活裡嗎？

經過了這件事，我多麼感激自己的青春軌跡裡，有家人的愛和承擔陪我前進，但也很意外地發現，父親曾有的青春軌跡，我彷彿正在經歷……那是一份多麼奇妙的感覺啊！

所以，每個人的青春軌跡，都需要好好的記錄，才能看清……

…………

…………

…………

「怎麼樣？寫得很不錯，對不對？……」

跟一旁的學生家長聊了一下之後，以爲我已看完的邱老師，立刻「有點」興奮地這樣問我。

「還可以啦……」我隱藏了洶湧的情緒，微笑地回答她。

其實，我還沒有看完……我一再地回頭看著有關「我」的那部分，尤其是「中正紀念堂」和光媽向小光光道歉的部分。

因爲那些部分，真的讓我無比的驚訝和感動，甚至是心痛。

特別是當我想到：

多年前，光媽在整理房間時，因爲翻動了我的日記，而被我察覺。當時暴跳如雷的我，並沒有想到她只是個不識字的家庭主婦而已。但後來即使想到，我也不曾向她道過歉，然而……這麼多年後，她居然會因爲這件事而向我的孩子道歉……

喔，青春的無知、苛刻，對比著親情的柔軟、深刻，竟是強烈得叫人猛然心痛啊……

「哇……你的標準還眞嚴格喔……」

邱老師脫口而出地說完這句話，我們兩人都不約而同笑了。只不過，我們爲各自不同的理由笑吧！

「喔，對了！我可不可以冒昧地請教你，你是不是……」話到嘴邊

的邱老師，忽然停頓了一下，看看我。

我突然驚住了，慣性地把聲音「換」了一下，說：「什麼事？請說……」

「我只是想，你是不是……嗯……」邱老師的猶豫和表情，頓時讓我心臟的跳動速度，瞬間「飆」到最高點。

「嗯……OK，沒關係，沒什麼重要的事……」邱老師微笑地停止了這個問題。

但我的心，還是繼續地緊繃著。

因爲，我突然想起一個神祕人物……

那就是……又好一陣子沒來信的「絲瓜露老師」。

這……

父子

「這是我們的禮堂，看起來還不錯吧！……」

「這是我們學校裡面最高的樹……你看，上面那風箏，是我們班同學的傑作……」

「福利社應該算乾淨吧！……不過今天比平常垃圾多一點……」

「……。」

剛拔河比賽結束、臉頰還掛著幾滴汗的小光光，像個「美少年導遊」一樣地，沿路向我介紹他們學校的環境，以及他所認識的人……

「那是建鈞，你上次見過的……那個是他媽媽，很有氣質，對不對？……」

「小伍，這是我爸……伯父、伯母好……」

「小琪很兇的喔，你別看她個子小……」

「……。」

光禹 父子

小光光的校園生活，彷彿一下子變得「立體」起來，讓我這個做爸的，感覺好新鮮，腦子裡不斷地在「連連看」。

當然，他仍然有故意不想介紹的部分，比如說：

兩個好像家長沒跟來的「酷」學生，在遠方要看不看地打量了我們父子倆……我一看便知道，他們就是豪強二人組。

他們的樣子眞的就好像……我不會講……好像他們還會引起更多勁爆故事的感覺一樣……

因爲剛剛座談會中，已經有家長反映，孩子隱約感到「班上有惡勢力存在」的問題了。

而……小美呢？小美眞的轉學了嗎？

是的，小美眞的轉學了。可是……

從那天大吵完之後，小光光還是不曾和我好好地談談小美的事，只

簡單透露她要搬家、轉學的訊息而已……而且也從不曾問我「看了日記哪些部分」……他還是繼續獨自承擔了很多心事，以及和小美之間的祕密。

雖然，我有時還是會忍不住地在「燈光美、氣氛佳」的時候，善意、技巧地想引導他說出來。然而，我已眞正學會尊重我的孩子，讓他握有「講不講心事」的主動權。

因爲……

「眞正的關心，才會眞正的尊重！」我還是要這麼說。

我只要我的孩子健康、平安、不學壞，而且知道自己在做什麼、知道身旁隨時有「什麼都願意爲你」的家人就好了。

他是要帶人穿越沙漠的駱駝，而不是需要被人帶出沙漠的，不是嗎？他應該要自己學會判斷力和方向感的，對不對？

光禹

父子

金色的陽光和迎面的春風，讓校園怎麼看，怎麼美，也讓邊走邊聊的我們父子倆，雖然臉都紅通通的，但內心却神清氣爽，也很接近。

「你作文比賽那篇文章，寫得不錯……」我說。

「眞的嗎？……還好啦！」小光光有點不好意思地回答，但沒想要再詳細多問爲什麼。

看著兒子，我忽然覺得他還眞的跟我很像。例如：

他很固執，潛意識地會隱藏心事，報喜不報憂。

他有時很迷糊，却對很多人、事、物充滿了細緻的感性。

就連剛剛回答我的口氣和方式，都很像、很像我……

六年多來，尤其經歷了這幾個月，我感覺像把自己再養育了一次、長大一次。我發現年少時的愛的艱難和理由，不再那麼模糊難懂，也眞的相信青春可以勇敢、可以溫柔，也可以眞正的自由。

「等一下，老爸……那個就是小周學長……」

我抬頭一看，看見不遠處的二樓，有個穿著運動服的學生，向我們這邊揮了一下手。

「旁邊那個白頭髮的，是他爺爺嗎？」我脫口問著，渾然忘了我這個判斷是從小光光日記得來的訊息啊！

「是啊！」小光光回答得很自然，而且還接著說：「他也是被小周學長每天在公車上補五元車費的那個爺爺喔……」

「爲什麼？」我很不解。

於是，小光光在回家的車上，告訴我一個他到上星期才知道、令人心疼的故事。

繼續

故事永遠不會結束的，不是嗎？

只因爲，人不管青不青春，生命裡總有太多太多的「怕失去、却又不珍惜」「想抓牢、却又不得不放手」「擔心愛不夠、却又不想愛太多」……

這麼多的矛盾，總讓人心渾渾噩噩、起起落落；也讓緣分，分分合合、停停走走。生命也就這麼甜多、苦多、愛多、痛多，故事怎麼結束得了呢？

所以，就像小光光在「青春的軌跡」作文中寫的一樣，生命一定要好好地留下紀錄，尤其是在青春時期，更要隨時將自己的熱情、理想與遭遇都記錄下來，日後才能發現老天爺在現在和過去、現在和未來之間，究竟鑿了什麼祕密通道，才能清楚掌握自己生命的軌跡，不是嗎？

然而……

你絶對想不到，連藏日記都會藏到忘了地方的小光光，竟會在運動會回來之後的當天晚上……

「你們有沒有看見一張紙條，上面有留一個地址、電話？……」小光光焦急地問著。

「什麼紙條？……常常到處都嘛看到你的什麼紙條，都沒人動啊，你放哪裡？……」

看電視的一家人搞不清楚狀況地看著他，圓圓也是。

皺著眉的小光光答也答不出來，因爲他眞的忘了擺到哪裡去了。

「是誰的地址電話？……」光爸問了他。

「是……是小美的……難道眞的沒看到嗎？」小光光又尷尬、又著急地說著。

是的，這個迷糊蛋又弄丟了抄有小美新地址、新電話的紙條了。還好這次沒賴我頭上，可是，怎麼會這麼……

哎！算了，看他一個人仍不死心地「上山下海」、找了又找，已經找得快抓狂了，我怎麼能再罵他豬頭呢……

現在，他只有被動地等待著小美主動再跟他連絡了。

幾天之後，也就是四月三日的下午，郵差送來了一封掛號信。

開門蓋章的時候，我突然感覺彷彿就要下起一場大雨。

感覺光禹
感覺光禹
感覺光禹

● B型、射手座的他，學的是理工，但有人說他看起來完全不像。

● 他怕生、念舊，喜歡和熟悉的人、事、物共處。

● 他怕熱、怕蟑螂，而且一聞到硫磺味會想吐。

● 他最喜歡吃蝦仁，卻最討厭吃蝦米。

● 他的衣櫥裡，經常是同一款式的衣服有好幾件，讓人誤以為他只有那幾件衣服可穿。

● 他一直跟家人住，很戀家、又很認床，所以，初當兵時每晚睡睡醒醒、痛苦萬分。

● 他最大的苦惱是眼睛弱視。不只因此求學、工作歷程深受影響，就連晚上走路、騎腳踏車，他都曾不小心摔得四腳朝天、傷痕累累。

● 他家裡收藏有CD兩萬張以上、圖書四千本、錄影帶五百捲，但卻沒有冷氣、汽車、電腦、B.B.call、大哥大和第四台。

- 他自認最好的習慣是：從小隨手記錄東西、寫日記。
- 學生時代，他曾自閉到常拿著錄音機，錄下自己想對自己講的話。然後，過一段時間之後，他會再把它放出來，自己再跟錄音帶裡胡言亂語的自己，再對一次話。
- 《怪盜亞森羅蘋》是他小時候最著迷的推理小說，而現在他也很喜歡卡通「名偵探柯南」。
- 他小時候的第一個偶像是鳳飛飛。生平洗得最快的一次澡，就是為了衝出來看她在電視上表演而創下的。
- 「我還記得當時只花了兩分半鐘，比軍隊的戰鬥澡還快，厲害吧！」他笑笑說。
- 後來，他欣賞、崇拜的偶像愈來愈多……而多年後，他做了廣播、寫了書，自己卻成了許多人的偶像。
- 他好像有一根魔棒，總可以讓讀者、聽友的心情，隨著他時而思考、時而輕鬆、時而浪漫、時而感動。

● 對許多人來說，他是生活中看不見，卻感覺實在、不可或缺的心靈朋友。

● 有人迷戀他的聲音、談吐，有人欣賞他的思想、態度。

● 甚至，有人還照著他在書裡所描寫的家中點滴，重新依樣畫葫蘆地裝潢、布置他們的家，更把自己寵物的名字也喚作「圓圓」，群衆著迷的程度，可見一斑。

● 從八歲到八十八歲，而且不分國、台語的各行各業、男女老幼，全都可以和他做好朋友。他的貼心指數一〇〇%

● 他把生活、寫作和廣播真情地「三合一」了，他為雨生寫的歌——「聽你‧聽我」，也盡是真情。真情指數一〇〇%

● 他延續了學生時代皆拿全勤獎的精神，主持深夜現場廣播節目七年來，從未請假！賣力指數一〇〇%

● 雖然弱視愈來愈嚴重，但他仍然親自閱讀每一位聽友、讀友的來信。他的誠意指數一〇〇%

● 而他老是和編輯玩著：「沒『稿』到滿意，絕不脫手！」的遊戲，害責編嚇得、

急得快跳樓了。出書的磨功指數一〇〇%

●他不僅廣播收聽率一直令人刮目相看，而且每本書也都熱銷七十五刷以上。舉凡他的家庭、愛情、友情、軍旅生涯和生活點滴，都感動許多人。人氣指數一〇〇%

●但是，他仍然認為自己不夠好、不夠成熟，還要再加油。

●而且，他覺得：「廣播、文章終究是小道，真正偉大的還是生活、生命本身，因為，有些人、事、物的美和智慧，是說不清也寫不透的，我只能更用心過活，能傳達多少就是多少……」

●一直不想做一個「影像公眾人物」的他，平日完全沒有交際應酬，他就是堅持要一輩子平凡過活、活得自在。

●他認為：「過普通人的生活是很珍貴的，而且，寫作和廣播是不需要影像曝光，只要努力就能單純『做得好』的工作，為什麼要曝光呢？更何況，在我同事、親友的面前，我不是很自然地天天在曝光了嗎？我就是這樣真實地活著呀……」

●他說他希望自己在不做媒體工作後，第二天就能立刻從事其他朝九晚五上班族的工作，而不必像很多明星一樣，必得經過長時間的調適。

「所以，生活在我現在這樣的內容和範圍裡就夠了，別弄得太複雜，簡單、舒服最好。難道，你不覺得這是最好的生活哲學嗎？」他說。

現在，他為了應付忙碌工作所需的體力，發明了兩段式睡眠法，也就是每天第一段睡五、六個鐘頭，傍晚再睡兩個鐘頭。

他說，從小到大，他最受用的座右銘就是：「凡事盡力，做最好的自己。」

於是，我們感覺到了一個實實在在是夜夜桌前一盞燈的廣播人，和扎扎實實是字字親筆耕的真情作家。

我們感覺到了——光禹。

● 飛碟聯播網各地播出頻率為：北部地區FM92.1，新竹、苗栗FM91.3，雲林、嘉義、台中、彰化、南投、宜蘭FM89.9，花蓮、台東FM91.3，澎湖FM89.7，南台灣FM103.9，其它地區可依上述各地鄰近的頻率試調收聽，或者請洽(02)23636600飛碟電台。

● 「夜光家族」節目的播出時間為：每週一至週六，夜間十一點至一點。但利用FM103.9收聽的台南、高雄、屏東地區，週六則改在夜間九點至十一點播出(節目名稱：「週末・光禹・南台灣」)。

● 「夜光家族」專線：(02)23919717，家族傳真專線：(02)23919716

● 通信地址：台北市羅斯福路2段102號25F(郵遞區號一〇〇)

光禹的寫作軌跡

身為弱視患者的光禹，

寫作五年多來都是一個字一個字親自筆耕，

完成了九本作品。

他的書和由他人口述、別人代筆的名人出書方式，

絕對不同。

他的每一本書，

都是為了不想要重複人生問題的你而寫的。

他的文字流暢幽默、親切溫馨，

鋪陳出細膩感人的情節，

像上演著一個又一個的動人故事。

而雖然光禹沒有拍過電影、當過導演，

但對於氣氛的勾勒、場景的調度、角色心理的刻劃，

卻充滿了戲劇張力。

他的創作態度嚴謹，

每一本書從發想、構思、寫作到完成，

他的誠懇和用心，成就每一個作品的完整性。

所以才本本絕對精采，值得你本本珍藏！

跨越二十世紀　不容錯過的感動故事

光禹作品集

《在勇氣邊緣》

兵變、醜聞、遇見張雨生，這個光禹當兵時的勁爆故事，讓我們看到了愛的無常，和生命中必須的堅持與勇氣。這是光禹最令人 **驚心動魄** 的作品。

《為眞愛承諾》

從遇見舊情人之後，所有的親情、友情、愛情和事業一下子都亂了，他如何解套？真愛需不需承諾？這個絕對精采的故事，是光禹最 **千迴百轉** 的作品。

《誰來教我愛》

一個家教、一個老師、一個愛人、一個朋友，光禹的大學生活竟有那麼多的糾纏和沒有答案的愛的功課。這個成長的故事，是光禹最 **刻骨銘心** 的作品。

《昨日的叛逆》

再多的祝福，永遠抵不過叛逆的代價。這個光禹親身參與搶救的叛逆歲月，刻劃著許多婚變、單親家庭的心聲。是光禹最 **令人心碎** 的作品。

《媽咪小太陽》

丈夫、孩子每天都為了工作繁忙，於是，孤獨守著家的光媽，有了新的渴望，卻引來光禹家中一連串的衝突。這是光禹的第一本書，卻 **一鳴驚人** 的作品。

《親愛酷爸爸》

新舊社會交替的傳統爸爸，在一次次的爭執、體諒和危機處理中，讓光禹重新發現父愛，也寫下了他們家的這段感人故事。這是光禹最 **眞情流露** 的作品。

《天天有智慧》

光禹談他求學歷程和工作瓶頸，談他的挫折和爆笑趣事，談他的生活觀、消費觀和聯考觀。這是他的第一本散文集，是讓人更 **熱愛生命** 的作品。

《疼惜好生活》

這是光禹第二本散文集，談他的弱視、談自殺、談虧欠、談如何在夾縫中求生存，以及轉彎哲學，也談他築夢踏實的力量，這又是一本 **發人深省** 的作品。

《不放過青春》

翻閱自己年少的歲月與日記，光禹寫下了這本少年小光光成長紀事，動人的故事和絕妙的筆觸，陪你哭、陪你笑，是光禹最 **感人貼心** 的作品。

國家圖書館出版品預行編目資料

不放過青春 / 光禹作. --初版. --臺北市：
圓神, 1999 [民88]
面；　　公分. --(圓神叢書；277)

ISBN 957-609-386-3 (平裝)

857.7　　88008893

ISBN 957-607-386-3

圓神出版社
YUAN-SHEN PRESS

◎圓神叢書 277
不放過青春

作　者／光禹
發行人／曹又方
出版者／圓神出版社有限公司
地　址／台北市南京東路四段50號6F之1
電　話／二五七九六六〇〇（代表號）
傳　眞／二五七九〇三三八・二五七七三二二〇
郵撥帳號／一八五九八七一二　圓神出版社有限公司
登記證／行政院新聞局局版台業字第六三六九號
責任編輯／林俶萍
美術編輯／黃昭文
封面・內頁繪圖／何偉靖
校　對／光禹・周文玲・林俶萍
法律顧問／蕭雄淋律師
印　刷／祥峯印刷廠
一九九九年七月　初版
一九九九年八月　一〇〇刷

●定價200元

Printed in Taiwan

105

台北市南京東路四段50號6樓之一

圓神、方智出版社　收

廣告回函
北區郵政管理局登記
證北臺字1713號
免貼郵票

寄件人：

地址：　　市　縣　　鄉鎮　市　　　(請用阿拉伯數字書寫郵遞區號)

路(街)　　段　　巷　　弄　　號　　樓

電話：(宅)　　　　(公)

圓神、方智出版社——讀者服務卡

閱讀時光，無限美好。

謝謝您也歡迎您加入我們！爲了提供您更好的服務，**我們將不定期寄給您最新出版訊息、優惠通知及活動消息**，但是要先麻煩您詳細填寫本服務卡並寄回本公司（免貼郵票）。

＊您購買的書名：______

＊購自何處：　　市（縣）　　書店

＊您的性別：□男　□女　　婚姻：□已婚　□單身

＊生日：　年　月　日

＊您的職業：□①製造　□②行銷　□③金融　□④資訊　□⑤學生　□⑥傳播　□⑦自由　□⑧服務　□⑨軍警　□⑩公　□⑪教　□⑫其他___

＊您平均一年購書：□①5本以下　□②5-10本　□③10-20本　□④20-30本　□⑤30本以上

＊您從何得知本書消息？

□①逛書店　□②報紙廣告　□③親友介紹　□④廣告信函　□⑤廣播節目　□⑥電視節目　□⑦書評　□⑧其他___

＊您通常以何種方式購書？

□①逛書店　□②劃撥郵購　□③電話訂購　□④傳真訂購　□⑤團體訂購　□⑥銷售人員推薦　□⑦信用卡　□⑧其他___

＊您希望我們爲您出版哪類書籍？

□①文學　□②普通科學　□③財經　□④行銷　□⑤管理　□⑥心理　□⑦健康　□⑧傳記　□⑨婦女叢書　□⑩小說　□⑪休閒嗜好　□⑫旅遊　□⑬家庭百科　□⑭其他 _____

給我們的建議：

圓神出版社　劃撥：18598712　帳戶：圓神出版社有限公司
方智出版社　劃撥：13633081　帳戶：方智出版社股份有限公司
電話：(02) 2579-6600　傳真：(02) 2577-3220